서문문고
194

대한민국 임시정부사

이 강 훈 지음

서 론

 인간 사회에서 슬픔의 종류는 허다하나 나라를 강탈당한 망국노적 치욕 이상 가는 슬픔은 느낄 수 없을 것이며, 기쁨의 종류도 허다하나 잃었던 자유를 되찾은 기쁨, 즉 생명, 해방은 그 최고급의 환희일 것이다.
 이러한 점에서 우리 민족도 예외일 수는 없어서 강도적 일본 제국주의에게 반만 년을 지켜 온 조상의 나라를 강탈당하고 와신상담(臥薪嘗膽) 10년 동안 겪은 노예적 통분을 참고 견디어 오다가 비절 참절했던 제1차 세계대전이 종말을 고할 무렵, 미국 대통령 윌슨이 주장한 민족자결주의 발표, 또 이보다도 앞서 폴란드·에이레 등 각 약소민족의 독립선언, 러시아의 10월 혁명 등 객관적 동향에 민감한 우리 민족은 이 기회를 타서 1919년 3월 1일을 신기원으로 하고 거족적으로 궐기한 것인데, 민족의 이름으로 독립을 선언하였으므로 당연히 최고 통수 기관인 정부 수립이 당면 급무였다.

대한민국 임시정부사

대한민국 임시정부사

차 례

서 론 3
제1장 임시정부 수립과 초기 활동 9
1 세 갈래의 정부형태 11
(1) 국민의회(노령(露領)) / (2) 상해 임시정부 / (3) 한성정부 수립의 전말
2 통합정부 33
(1) 대한민국 임시정부의 개조 / (2) 대한민국 임시헌법
3 하부기관조직 54
(1) 교통국 및 연통제 / (2) 거류민단제의 실시
4 대외관계 70
(1) 파리강화회의와 외교활동 / (2) 구미위원부와 대미외교 / (3) 성토문 / (4) 대소 외교의 특수성 / (5) 대중외교

제2장 국민대표회와 변질되는 임시정부 105
1 정부수립 후의 가장 큰 시련 107
(1) 지도자들의 태도 / (2) 국민대표회를 주장하는 각계의 동향 / (3) 국민대표회와 여운형 / (4) 국민대표회의 개최와 결렬
2 국민대표회의 파급 영향 135
(1) 정부의 동요 / (2) 1923~24년의 동향
3 대통령 탄핵과 개편 145
(1) 이승만 박사의 공과 / (2) 정부의 개편(헌법개정) / (3) 개정된 헌법의 특징

제3장 임시정부의 쇠퇴기 157

1 임시정부 내각조직의 실패 159
2 제도의 개혁 163
3 적이 분석한 임시정부의 상황 169
4 변모하는 내외 정세 172
(1) 일제 군벌의 도량(跳梁) / (2) 9·18사변과 우리의 독립전선

제4장 임시정부의 전환기 179
1 효과 거둔 의열투쟁 181
(1) 이봉창의 동경 의거 / (2) 1·28 상해사변 / (3) 윤봉길의 상해 의거
2 윤봉길 의거 이후의 임시정부 199
(1) 김구와 중국 명사들 / (2) 7·7사건 이전의 임시정부
3 정당단체 208
(1) 임시정부와 국민당 / (2) 민족혁명당 / (3) 한국독립당
4 항주(杭州) 시대 223
(1) 임시정부 내에서 의심 받은 인물 / (2) 항주 판공처

제5장 7·7사변 이후 8·15해방까지 233
1 7·7사변과 임시정부 235
(1) 임시정부 판공처 이전 / (2) 장사(長沙) 5·7사변의 경과 / (3) 장사에서 기강까지 / (4) 중경 이전과 제33의회
2 광복군 창군 245

결론 251

제1장 임시정부 수립과 초기 활동

1. 세 갈래의 정부형태

(1) 국민의회(露領)

 두만강을 사이에 두고 한반도와 인접한 노령 연해주(沿海州)와 흑룡주(黑龍州) 일대는 조선왕조 말기부터 우리 동포들의 이주 정착지로 되어 왔었다.
 조선왕조는 쇄국주의를 국책으로 하여 소위 「월경지금(越境之禁)」이라는 법으로 국경을 넘는 자는 발견하는 대로 체포하여 극형에 처하였다. 그러나 갑자년(1864년) 기근에 풀뿌리와 나무껍질로만 연명하여 가다가, 그래도 생명을 지속할 수 없어 죽음을 무릅쓰고 두만강을 건너 북간도로 가서 황무지를 개척하겠다고 결심한 두 사람이 있었는데, 무산(茂山) 사람 최운실(崔雲實)과 경흥(慶興) 사람 양응모(梁應模)였다.
 처음에는 강을 건너 혼춘(琿春)에 도착하였다가 다시 국경을 넘어 연추(烟秋)에 이르러 모든 애로를 극복하고 피땀 흘려 개척한 보람이 있어서 그해 가을에는 상당한 수확이 있었다. 이 두 사람이야말로 시베리아 개척사상에 있어서 최초의 선구자다. 그 이후 이주 동포들이 격증하고 망명 지사들이 뒤를 따라 동포사회에서 계몽운동과 애국사상 고취에 심혈을 기울이게 되자, 자연 시베리아의 연해·흑룡 양주는 광복운동의 활동무대가 되었고, 이주 동포의 숫자도 19세기 말엽 몇만으로 추산되던 것이 세기를 넘으면서부터 격증하여 1919년 3·1운동 당시에는 50만 이상으로 늘어났다.

특히 을사조약 늑체와 경술 국치를 당하게 되어 비분강개의 지사들이 구국의 큰 뜻을 품고 노령으로 넘어가자, 만주 방면으로 나갔던 지사들도 빈번히 발길을 노령으로 돌리고 있었다.

이 시기에 노령 방면에서 활동하던 지사들의 명단을 간추려 본다면, 이범윤(李範允)·유인석(柳麟錫)·이상설(李相卨)·조완구(趙琬九)·이동휘(李東輝)·박은식(張志淵)·안정근(安定根)·문창범(文昌範)·유동열(柳東說)·이동녕(李東寧)·김학만(金鶴萬)·이갑(李甲)·조성환(曺成煥)·김동삼(金東三)·원세훈(元世勳)·김이직(金理直)·엄주필(嚴柱弼) 등 제제다사(濟濟多士)였다.

당시 변전 무상한 러시아 사회의 소용돌이 속에서 조국과 민족을 위하여 이들이 주역이 되어, 국치를 계기로 성명회(聲鳴會)·권업회(勸業會)·대동회(大東會)·대한공제회(大韓共濟會)·창의회(彰義會) 등 허다한 대소단체들이 난립하였다가 1917년 「전로한족회중앙총회(全露韓族會中央總會)」를 성립시킴과 동시에 대부분의 조직은 한족회에 통합되었으므로 본회의 발전은 러시아 방면 재류 동포들의 자치 및 독립운동 조직의 획기적인 사실이었다.

1917년에는 러시아 대혁명이 일어나 정치 정세가 변함에 따라 재류 동포들의 언론결사에 있어서도 자유를 얻게 되었으며, 여기에 따라 그해 6월부터는 각 지방대표들이 '니콜라예프스크'에 모여 러시아에 재류하는 동포들의 동일한 조직과 새로운 운동 방침을 토의하게 되었고, 다음과 같은 3개항의 결의안을 채택, 실천에 옮기게 되었다.
① 귀화 한인은 1개 독립민족으로서 자치회를 조직할 것
② 한족 대표회를 조직할 것
③ 니콜라예프스크에서는 〈청구신보(青丘新報)〉를, 블라디보스토크에서는 〈한인시보(韓人時報)〉를 발행할 것.

뒤를 이어 그해 12월에는 귀화 한인 및 귀화하지 않은 한인을 총망라하는「전로한족회」중앙총회가 결성되고 문창범이 회장에 선임되었으며, 중앙총회는 각지에 분회를 설치하고 중앙총회 안에 다시 지방 연합회 상설위원회를 설치하여 중앙·지방 간에 긴밀한 연락을 취하면서 사업을 크게 전개하였다. 전로한족회 중앙총회의 주요 발기인은 한명서(韓明瑞)·윤해(尹海) 등과 1910년 이후에 새로 입회하여 이곳에서 신망이 두텁고 세력을 확보한 문창범과 이동휘 등이었다.

1919년 2월 중앙총회는「대한국민의회」로 개칭되었다. 그 의도는 언제 그칠지 모르는 러시아 내란에 있어서 한인의 자치적 정부를 가져야겠다는 것이었다.

경술 국치 후에 블라디보스토크로 이주하여, 주로 하바로프스크 이남의 연해주 한인사회에서 신망이 두터운

문창범이 의장으로 추대되고, 역시 연해주의 토착 한인 사회에서 세력을 유지하고 있었던 김만겸(金萬謙)이 부의장으로 선출되었다.

「대한국민의회」는 파리 강화회의에 윤해·고 창일(高昌一)을 파견하는 시발점으로부터 민족 독립의 노선을 확고하게 내세웠던 것이다. 기미 3·1 운동이 일어나자 대한국민의회는 성대한 경축대회를 개최하는 동시에 이 기회를 포착하여 독립운동의 실질적인 앙양을 기하려고 하였다.

군사 교육을 위하여 나자구(羅子溝)에 훈련소를 설치하였다. 이 무렵에 「대한국민의회」는 「전로한족회 중앙총회」의 전통을 그대로 계승하여 각계 각층의 지도자를 의원으로 망라하였으며, 대외적으로는 재류 러시아 한인의 정부임을 자처하였다.

동 의회가 러시아령에서 어떠한 비중을 차지하고 있었는지는 아래와 같은 사실에서도 현저하다. 즉 1919년 9월 15일 임시정부 의정원에서 노령 대표 원세훈(元世勳)은 '대한국민의회와 상해 임시정부의 의정원을 병합하여 정부의 위치를 노령에 정할 것'을 제의한 것이다.

상해 임시정부에서는 제5차 의정원 회의에서 원세훈의 제의(반드시 원의 제의에 의한 것만도 아니지만)를 받아들여 정식으로 심의한 바 있었다.

이 회의에서 정부측 제안 중 가결된 사항은 다음과 같다.

① 임시정부의 위치는 상해에 둔다. 단 정부의 의사와 상해 거류민의 여론에 따라서 자유롭게 위치를 변경할 수 있다.
② 임시의정원 및 노령 국민의회를 합병하여 의회를 조직할 것. 단 노령에서 의회의 위치를 노령으로 할 것을 절대로 주장할 때는 이것을 허락한다. 그러나 의원 조직에 있어서 노령에서는 6인 이내의 의원을 선출키로 함.

이상의 가결사항은 그뒤에 실현되지 않았고 그로 인해 소위 노령파와 상해파 간에 끈덕진 알력관계를 지속하게 되었다.

국민의회가 결정한 내각은 다음과 같다.

대 통 령   손병희(孫秉熙)
부 통 령   박영효(朴泳孝)
국무총리   이승만(李承晚)
탁지총장   윤현진(尹顯振)
군무총장   이동휘(李東輝)
내무총장   안창호(安昌浩)
산업총장   남형우(南亨祐)
참모총장   유동열(柳東說)
강화대사   김규식(金奎植)

〈국민의회 결의안〉
① 「대한국민의회」는 조국 독립의 달성을 기약하며 세

계민족 자결주의에 기인하여 한국민족의 정당한 자주독립을 주장함
② 한일합방조약은 일본의 탄압적 수단으로 성립한 것이고 우리 민족의 의사가 아니므로 그 존속을 부인하며 일본의 통치 철폐를 주장함
③ 프랑스 파리에서 열리는 평화회의에 대표를 파견하여 우리의 독립운동과 정부 건설의 승인을 요구하며 국제연맹에 참가를 주장함
④ 한국 독립운동의 실정을 세계에 선전하며 정부 건설의 사실을 각국 정부에 통지하여 우리의 주권을 주장함
⑤ 이상의 목적이 인도 정의의 공정한 판결을 받지 못하면 일본에 대하여 혈전포고를 주장함

이 결의안 5항을 보면 혈전포고도 불사한다 하여 후에 주전파로서 온건파와 대립되었던 이동휘의 영향이 엿보인다. 그러나 이 행정부는 기능을 발휘한 사실이 나타나지 않았다.

(2) 상해 임시정부

상해는 임시정부 소재지로서 그 어느 곳보다도 적합한 지역이다. 우리 조국 강산은 촌토척지(寸土尺地)도 안전한 곳이 없으며, 다음으로 지난날 우리 민족의 판도였던 만주는 독립운동의 활동무대로서 또는 독립전쟁의 근거지로서 둘도 없는 곳이나, 적의 세력이 뻗쳐 있어서 행패가 변전무상하고, 시베리아는 당시 대혁명 뒤

에 일본 침략주의가 무명지사(無名之師)를 일으켜 직접 흉기를 들고 야만적 행패를 자행하는 중이니, 우리 운동의 통수부인 임시정부를 둘 수 없고 또한 미국은 너무 멀어서 적당하지 못하였다.

이에 대하여 상해는 동서 교통의 요충으로 아편전쟁 이후부터 점차 세계 열강이 제각기 조계를 만들고, 저희 멋대로 생활하면서 통상무역의 자유 경쟁은 물론이요, 국제사회가 자유로이 살아 왔기 때문에 마침내 동양 굴지의 자유항으로 등장하게 되었다.

그 중에도 정치적 자유를 전통적 신조로 하는 프랑스의 조계(French concession)는 다른 나라 조계지보다 행동이 좀더 자유스러웠다.

1789년에 이미 신민의 자유를 위한 대혁명을 겪어본 국민인지라, 다른 나라 국민이 자유와 평등을 위해서 활동하는 입장을 누구보다도 이해와 동정을 대했기 때문에, 동서의 정치적 망명객들의 절호한 도피처이며 안식처이기도 하였다.

제1차세계대전이 종말을 고할 무렵(1918년 11월 11일 독일의 항복), 프랑스 파리에서는 강화회의가 열리게 되었다.

윌슨 대통령의 특사 크레인이 상해에 도착하여, 그를 환영하는 연회가 개최된다는 말을 듣고, 여운형은 1천여 명이나 되는 중외 인사가 모여 있는 그 장소를 찾아가서, 크레인의 연설을 듣고 중국 요인 왕정정(王正廷)의 소개로 크레인을 방문하여, 일본 제국주의가 우리 조국에 대하여 저지른 죄악사의 전말을 설명하고, 이 기회에 우리도 파리 강화회의에 대표를 파견하여 우리 민족의 참상을 호소하려 하는데 원조를 바란다는 요청을 하였다. 이 말을 들은 크레인은 힘이 닿는 데까지 원조하겠다는 것을 흔연히 약속하였다.

그리하여 여운형은 조동호(趙東祜)・장덕수(張德秀)・신국권(申國權) 등과 한자리에 모여 진정서를 두 통 작성하여 한 통은 크레인에게 주어 윌슨 대통령에게 전달케 하고, 한 통은 상해에서 발간되는 월간 잡지〈밀로드 리뷰(Millord Review)〉사장에게 주어, 우리 대표가 파리 강화회의에 못 가게 될 경우 대신 제출해 달라고 부탁하기로 하였다.

그러나 그 제출자가 문제였다. 세계 각국 대표가 참석하는 국제회의에, 개인 명의로 제출할 수 없음은 상식 이전의 일이다. 그리하여 상해 재류 혁명 지사들이 모여 「신한청년당」이라는 벼락 정당을 만들게 되었다. 그리고 강화회의에 파견할 적임자로 김규식(金奎植)이 발탁되어 1919년 2월 1일 파리를 향하여 출발하였다.

다음 임시정부 수립 작업에 착수할 때 우선 기존 국가의 국회에 해당하는 의정원 조직을 서둘렀다.

1919년 3월 12일 밤, 10시가 조금 지나서 상해 프랑스 조계 내의 보창로(寶昌路) 329호에 자리잡은 한 허술한 셋집에 때아닌 방문객이 모여들기 시작했다.

본국에서는 손정도(孫貞道)・최창식(崔昌植)・현순(玄楯) 등이 33인의 대표로 왔고, 일본에서는 최근우

(崔謹愚)·이광수(李光洙)가 도착하였고, 북중국과 노령 방면에서는 이동녕(李東寧)·이시영(李始榮)·김동삼(金東三)·신채호(申采浩)·조성환(曺成煥)·조소앙(趙素昻:鏞殷) 등과 그 밖에 혁명동지들이 왔으며, 미국에서는 여운홍(呂運弘), 상해에 재류중인 김철(金澈)·신석우(申錫雨)·선우혁(鮮于爀)·한진교(韓鎭敎:松溪)·여운형 등이다.

임시정부를 수립하려는 중대한 회의인만큼 의제가 의제이므로 적의 경계를 피하기 위하여 선택한 그와 같은 시간과 장소는 당연한 것이었다.

예정대로 회의는 진행되었으나 첫 회합부터 두 갈래의 의견이 대립되어 난산에 부딪쳤다. 즉 하나는, 국내에서 독립을 선언히고 독립운동을 전개한 33인이 중심이 되어야 한다는 본국과 일본에서 온 국내파 대표들의 주장이요, 이에 대하여 해외파의 주장은 경술국치 이후 해외로 망명하여 생명을 내걸고 싸워 온 것이 해외 독립운동자들인데 독립선언을 감행했다는 이유만으로 33인을 중심으로 임시정부를 조직한다는 것은 천부당만부당하다는 것이다.

또한 정부 수반과 관련해서 야기된 위임 통치문제로 격론을 벌이기도 하였다.

비공식 토의에서 정부를 조직하면 누구를 수반으로 할 것이냐의 문제가 제기되었는데, 이승만이 적임자라는 발언이 나오자, 신채호가 자리에서 일어나 천부당만부당한 말이라고 소리치며 '이승만은 이완용보다 더 큰 역적이다. 이완용은 있는 나라를 팔아먹었지만 이승만 놈은 아직 우리나라를 찾기도 전에 팔아먹은 놈이다!'라고 분연히 발언한 장면도 있었다.

이러한 분위기 속에서도 조소앙은 유머 섞인 발언으로 장내 분위기를 부드럽게 만들었고, 다음날 밤에 회의를 거듭하여 그 사이에 부산에서 온 윤현진(尹顯振)·이규홍(李圭洪) 등과 다른 곳에서 여러 사람이 와서 참가하였다. 회의가 계속됨에 따라 각도 대표를 선출하고 임시국회를 형성하게 되었고, 그 국회에서 국무위원을 선출하게 하였으며 국회를 임시의정원이라 칭하고, 초대 의장 및 부의장을 선출케 하였다. 마침내 1919년 4월 10일과 11일 양일에 걸쳐서 상해 프랑스 조계(租界) 금신부로(金神父路)에서 열렸는데 당일 출석한 의원들의 명단은 다음과 같다.

현 순(玄 楯)	손정도(孫貞道)	신익희(申翼熙)
조성환(曺成煥)	이 광(李 光)	이광수(李光洙)
최근우(崔謹雨)	백남칠(白南七)	조소앙(趙素昂)
김대지(金大地)	남형우(南亨祐)	이회영(李會榮)
이시영(李始榮)	이동녕(李東寧)	조완구(趙琬九)
신채호(申采浩)	김 철(金 徹)	선우혁(鮮于爀)
한진교(韓鎭敎)	진희창(秦熙昌)	신 철(申 鐵)
이영근(李渶根)	신석우(申錫雨)	조동진(趙東珍)
조동호(趙東祜)	여운형(呂運亨)	여운홍(呂運弘)
현창운(玄彰運)	김동삼(金東三)	

등인데, 개회벽두 본회의 명칭을 「임시의정원」으로 하자는 조소앙의 동의와 신석우의 재청으로 가결되었으며, 뒤이어 무기명 단기식 투표에 의하여 의장에 이동녕, 부의장에 손정도, 서기로 이광수·백남칠을 선출하였다.

다음 11일에 속개된 회의에서는 곧 국호 및 국무원에 관한 문제가 토의되었으며, 먼저 신석우·이영근의 동의 재청에 의하여 국호가 「대한민국」으로 가결되었다.

그리고 관제에 있어서는 본국에서 작성해 보낸 임시정부 부서를 중심으로 논의가 있었는데 최근우·이영근(李渶根) 동의 재청에 의하여 본국의 집정관제를 총리로 고치기로 하고 또 신석우·백남칠 동의 재청에 의하여 법무·군무의 2부를 증설하기로 하니, 여기서 정부기구는 국무총리를 수반으로 하는 국무원(내각) 안에 내무·외무·재무·법무·군무·교통 6부를 두고, 각 부에 총장·차장을 두게 되었으며, 뒤이어 국무총리 이승만을 위시하여 각 부의 총장·차장을 투표로 선출하여 역사적인 대한민국 임시정부의 출발을 보게 되었다.

〈임시정부 국무원(國務院)〉
국무총리 이승만
내무총장 안창호　　　　내무차장 신익희
외무총장 김규식　　　　외무차장 현　순
재무총장 최재형(崔在亨)　재무차장 이춘숙(李春塾)
법무총장 이시영　　　　법무차장 남형우

군무총장 이동휘 　　　군무차장　조성환
교통총장 문창범 　　　교통차장　선우혁
군무원비서장　조소앙

〈대한민국 임시헌장 선포문〉

 신인일치(神人一致)로 중외 협응(協應)하여 한성에서 기의(起義)한 지 30여 일에 평화적 독립을 3백여 주에 광복하고, 국민의 신임으로 완전히 다시 조직한 임시정부는 항구 완전한 자주독립의 복리로 우리 자손 여민(黎民)에게 세전(世傳)키 위하여 임시의정원의 결의로 임시헌장을 선포한다.

〈대한민국 임시헌장〉
　제1조　대한민국은 민주공화제로 함
　제2조　대한민국은 임시정부가 임시의정원의 결의에 의하여 이를 통치함
　제3조　대한민국의 인민은 남녀 귀천 및 빈부의 계급이 없이 일체 평등함
　제4조　 대한민국의 인민은 종교·언론·저작·출판·결사·집회·신서·주소 이전·신체 및 소유의 자유를 향유(享有)함
　제5조　대한민국의 인민으로 공민 자격이 있는 자는 선거권 및 피선거권이 있음
　제6조　대한민국의 인민은 교육·납세 및 병역의 의무가 있음

제7조 대한민국은 신의 의사에 의하여 건국한 정신
       을 세계에 발휘하고 나아가 인류 문화 및
       평화에 공헌하기 위하여 국제연맹에 가입함
제8조 대한민국은 구황실을 우대함
제9조 생명형·신체형 및 공창제를 전폐함
제10조 임시정부는 국토회복 후 만 1년 내에 국회
       를 소집함

대한민국 원년 4월   일

임시의정원 의장   이동녕
임시정부 국무총리 이승만

내무총장	안창호	재무총장	최재형
외무총장	김규식	군무총장	이동휘
법무총장	이시영	교통총장	문창범

〈선 서 문〉

존경하고 열애하는 아 2천만 동포 국민이여!

민국 원년 3월 1일 아 대한 민족이 독립을 선언함으로부터 남녀노소와 모든 계급과 종파를 막론하고 일치단결하여 동양의 독일인 일본의 비인도적 폭행하에 극히 공명하게, 극히 인욕(忍辱)하게, 아 민족의 독립과 자유를 갈망하는 실사(實思)와 정의와 인도를 애호하는 국민성을 표현하였다. 이제 세계의 동정이 흡연(翕然)히 아 국민에 집중하였도다. 이때를 당하여 본정부는 전국민의 위임을 받아 조직된고로 본정부는 전국민보다 일층 전심육력하여 임시헌법 및 국제 예양의 소명(所

命)을 준수하여 국토 광복과 방기확고(邦基確固)의 대사명을 이행할 것을 이에 선서하노라.

동포 국민이여, 분기할지어다. 우리가 흘리는 한방울의 피가 자손만대의 자유와 복락에 치(値)하고, 신국 건설의 귀한 기초가 될 것이다. 아등의 인도는 곧 일본의 야만을 교화하고 아등의 정의는 일본의 폭력에 승리할지니.

동포여! 최후의 1인까지 싸우자.

〈정 강〉
① 민족 평등, 국가 평등 및 인류 평등의 대의를 선전함
② 외국인의 생명 재산을 보호함
③ 일체의 정치범을 특사함
④ 외국에 대한 권리 의무는 민국정부와 체결한 조약에 의함
⑤ 절대 독립을 서도(誓圖)함
⑥ 임시정부의 법령을 위반한 자는 적으로 인정함

　　　　　　대한민국 원년 4월　일　대한민국 임시정부

그리고 뒤이어 4월 13일에는 국내로부터 안승원(安承源)·김병조(金秉祚)·장덕로(張德櫓)·이원익(李元益)·조상섭(趙尙燮)·김구(金九)·양준명(梁濬明)·이유필(李裕弼)·고일청(高一淸)·김홍서(金弘叙)·이규서(李奎瑞) 등이 도래하였다. 이와 같이 모여들어 상해의 우리 동포 수는 1천여 명을 헤아리게 되었는데 여

기에 따라 4월 22, 23일 간에 있었던 제2차 의정원 회의에는 제1차 회의의 29명보다 40명이나 많은 69명의 의원이 참석하게 되었는데 그 명단은 다음과 같다.

〈제2차 의정원 회의에 새로 참가한 명단〉
최 완(崔 浣)·윤현진(尹顯振)·김홍서(金弘叙)
양준명(梁濬明)·홍진의(洪震義)·한남수(韓南洙)
김홍조(金弘祚)·조영진(趙永晉)·이치준(李致俊)
김우진(金宇鎭)·민제호(閔濟鎬)·민충식(閔忠植)
옥성빈(玉成彬)·유경환(柳璟煥)·배형식(裵亨湜)
서성권(徐成權)·김 구(金 九)·장정로(張正櫓)
김병조(金秉祚)·안승원(安承源)·조원창(趙元昌)
김응신(金應善)·김응섭(金應燮)·이영찬(李永贊)
한기악(韓基岳)·김현식(金鉉軾)·이춘숙(李春塾)
이봉수(李鳳洙)·정원택(鄭元澤)·유범규(柳範奎)
이필규(李馝珪)·윤원삼(尹愿三)·김정목(金鼎穆)
이규정(李圭廷)·고 한(高 漢)·김 갑(金 甲)
김홍권(金弘權)·이기룡(李起龍)·김보연(金甫淵)
유정근(兪政根)·김남규(金南奎)
그리고 제2차 의정원 회의에서는
① 국무원 비서장 조소앙·내무차장 신익희 등의 사직 청원을 수리하다
② 차장제의 폐지와 위원제 사용의 결의
③ 각부 위원의 선정

여기서 상해에 수립한 임시정부의 초보적 형식은 갖추어진 것이 되는데 국호는 대한민국이요, 정체는 민주공화국이니, 경술국치로 망한 군주체제는 아니므로 민주적 혁명을 겸한 셈이다.

임시정부가 객지에서 망명 지사들에 의해 이루어져서 대한민국 27년, 서력 기원으로 1945년 8월 15일, 일제가 「포츠담 선언」을 수락할 때까지 우리 민족의 유일한 정부였다.

(3) 한성정부 수립의 전말

온 강산에 메아리치는 독립만세와 태화관 별관인 별유천지(別有天地)에서 민족 대표가 모든 일본 경찰에게 잡혀 가고, 그 후사를 동지들에게 맡기게 되었는데, 각지에서 일어나는 만세 시위만 해도 통수 계통이 없으므로 응분의 효과를 거두지 못하고 군중들은 흥분에 도취하여 산발적으로 일어나는 운동인지라 갈수록 희생자만 늘어나고 있었다.

여기서 뜻 있는 이들은 비밀리에 서로 연락을 취하고 이 운동을 조직하려고 부심한 결과 이 기회에 임시정부를 수립하고, 이를 국내외에 널리 알리면 당장에 독립은 전취할 수 없어도, 이를 바탕으로 하여 장차 독립 투쟁을 위한 전선을 정비하는 구심이 되리라 생각하였다.

3월 초순 어느 날 이교헌(李敎憲)·윤이병(尹履炳)·윤용주(尹龍周)·최현구(崔鉉九)·이용규(李容珪)·김규(金圭)·이규갑(李奎甲) 등이 비밀 연락을 하고 임시정부 수립을 모의하고 지역 대표와 각 단체 대표들을 모아 그 이름으로 추진시키려 하여 비밀 독립운동 본부의 한남수(韓南洙)·홍면희(洪冕熹)·김사국(金思國)·이민태(李敏台)·민강(閔橿) 등과 논의하여 이 문제를 다루기 위한 준비위원회를 열기로 하였다.

 3월 16, 17일 경성부 내수동(內需洞) 64번지 한성오(韓聖五)라는 현직 검사의 집에 임시정부 수립 준비위원들이 모여서 13도 대표자 대회를 4월 2일 인천 만국공원에서 열고, 임시정부를 수립한 후 이를 공포키로 결의하였다. 하필 검사의 집에서 모인 이유는 홍면희(洪震)의 계략으로 일경의 눈을 속이기 위해서였다. 홍면희는 전직 검사로서 그 당시에 변호사를 하고 있었으니, 법조계에 친면이 넓어서 검사들과도 교분이 있던 이였다. 이 자리에서 임시정부를 조직하고, 각원을 선출하는데 정부 이름은 「한성정부」라 하였고, 정부 조직은 대통령제로 하지 말고 제국식의 이름을 그대로 이어받는 것이 좋겠다는 것이었다.

〈임시정부 각원 명단〉
 집정관총재 이승만(李承晩)
 국무 총리 이동휘(李東輝)
 외무부총장 박용만(朴容萬)
 내무부총장 이동녕(李東寧)
 군무부총장 노백린(盧伯麟)
 재무부총장 이시영(李始榮)

법무부총장 신규식(申圭植)
    차장 한남수(韓南洙)
학무부총장 김규식(金奎植)
교통부총장 문창범(文昌範)
노동국총판 안창호(安昌浩)
참모부총장 유동열(柳東說)
    차장 이세영(李世永)
    차장 한남수(韓南洙)
〈평 정 관〉
조정구(趙鼎九)·박은식(朴殷植)·현상건(玄尙健)
한남수(韓南洙)·손진형(孫晉衡)·신채호(申采浩)
정양필(鄭良弼)·현 순(玄 楯)·손정도(孫貞道)
정현식(鄭鉉湜)·김진용(金晉鏞)·조성환(曺成煥)
이규풍(李奎豊)·박경종(朴景鍾)·박찬익(朴贊翊)
이범윤(李範允)·이규갑(李奎甲)·윤 해(尹海:解)

파리 강화회의에 출석할 국민대표의원
이승만·민찬호(閔瓚鎬)·안창호·박용만·이동휘
김규식·노백린

〈약 법〉
  제1조 국체는 민주제를 채용함
  제2조 정체는 대의제를 채용함
  제3조 국시는 국민의 자유와 권리를 존중하고, 세
         계 평화의 행운을 증진시킴

제4조　임시정부는 다음의 권한을 가짐
　　　　① 일체 내정　　② 일체 외교
제5조　한국국민은 아래의 의무가 있음
　　　　① 납세　　　　② 병역
제6조　본 약법은 정식 국회를 소집하여 헌법을 공
　　　　포할 때까지 적용함

　이상의 정부 기구와 명단을 보면 집정관총재를 행정부의 최고 수반으로 하여 국무총리실 외에 내무·군무·재무·법무·학무·교통부를 두고 다시 노동과 참모부가 있는데, 집정관 총재를 위시하여 총장·총판 등의 직명이 민주주의로 넘어가는 과도기적 정체를 의미하는 듯한 감이 있다.

　그리고 주목할 것은 국내에서 조직하는 임시정부임에도 불구하고 집정관총재를 비롯한 정부 각 부회장·차장에 당시 국내에 있던 인사를 한 명도 배정하지 않았던 사실인데, 이것은 그때 일제의 헌병·경찰이 무력·폭력으로 행패를 거듭하므로 임시정부로서의 활동이 불가능하기 때문에 처음부터 정부는 국내에서 조직하지만, 실제 활동은 해외에 나가 하지 않으면 안 될 것을 간파하였기 때문이다.

　또 정부 수립이 진행되는 도중에도 3월 하순경부터 4월 중순까지에 이봉수(李鳳洙)·한남수·이규갑·홍면희 등이 서로 뒤를 이어 상해로 나갔으며, 그 중에서도 강대현(姜大鉉)은 아직 확정되지도 않은 임시정부 명단,

즉 이동휘를 집정관으로 하는 임시정부 각원 명단을 가지고 와서 상해의 운동자간에 의론이 분분하였다.

〈한성 국민대회의 경위〉

한성에서 열렸던 13도 국민대회의 경위에 대한 기록은 극히 희소하다.

3월 중순부터 홍면희·이규갑·한남수 등의 발기로 국민대회를 조직하여 4월 2일 인천 만국공원에서 임시정부를 설립하기로 결정하고 이상 3명과 또 안상덕(安商德)은 천도교 대표로, 박용희(朴用熙)·장붕(張鵬)·이규갑은 기독교 대표로, 김규(金奎)는 유교 대표로, 이종욱(李鍾旭)은 불교 대표로 하고, 한남수·김사국(金思國)·이현교·이민태 등은 국민대회 취지서 작성을 맡았다.

그러나 한남수·홍면희·이규갑·이춘숙은 상해 임시정부 설립에 연락하기로 하여 4월 8일에 상해로 가고 국내의 일은 안상덕·현석칠(玄錫七) 등의 발기로 국민대회를 소집하기로 하여 13도 대표자를 경성 서린동(瑞麟洞) 봉춘관(奉春館)에 모아 협의한 결과, 간부 현석칠·안상덕 등과 학생 김사국·장채극(張彩極)·김옥결 등이 활동하여 4월 23일로 국민대회를 서울에서 개최할 것을 준비하고 또 그날에 임시정부 각원을 선거하기로 하였다.

그러나 국민대회의 준비와 정부 각원 선거의 안건이 비밀리에 진행되던 중, 일본 경찰에게 발각되어 모두 체포되었다. 그리하여 국민대회의 명의를 가지고 상해 임시정부에 가서 협력한 자로 이규갑·이수봉(李壽奉) 등이 있었다.

한남수·김사국은 변호사 홍면희·이규갑 등과 함께 3월 1일 이후, 조선 전도에 봉기한 독립운동은 그간 하등의 연락관계가 되지 못하여 소기의 효과를 거두기 어렵다 하여 여기 국민대회를 열되 각 계의 독립운동단을 망라하여 조선 임시정부를 수립하여 계통적 독립운동을 위한 기도를 하고 3월 중순경으로부터 비밀리에 협의를 진행하여, 홍면희·이규갑·김규 등의 권유에 따라 각 방면의 대표가 될 것을 승낙한 자는 4월 2일 인천부 만국공원에 참집하여 임시정부를 수립하고 일반에게 그를 선포하기로 하였다.

이를 요약하면 4월 22일 봉춘관에서 국민대회를 개최하여 임시정부 수립과 그에 따르는 결의와 선언 등을 하고, 한편 거리에서는 학생 3천 명과 노동자 3천 명으로 시위케 하고, 시내에는 자동차 3대로 삐라를 뿌리게 하려던 것이, 일부 학생만 23일 종로 통에서 시위했으나 대부분의 계획은 거사 직전에 발각되어 미수로 그쳤다.

그러나 한남수·이규갑·이동욱·현석칠의 협의하에 작성한(이동욱 집필) 국민대회의 취지서와 13도 대표자 명단, 임시정부조직 정책, 약법 및 선포문 등의 문안이 전후 근 만 매가 인쇄되어 그것이 당시 연합통신 기자에게 입수되어 세계적으로 보도되었다.

〈13도 대표 25명의 명단〉

조만식(曺晩植)・이용규(李容珪)・강 훈(康 勳)
김 유(金 流)・최전구(崔銓九)・이동수(李東秀)
유 식(柳 植)・김명선(金明善)・기 식(奇 寔)
김 탁(金 鐸)・박한영(朴漢永)・이종욱(李鍾旭)
유 근(柳 瑾)・주 익(朱 翼)・김현준(金顯峻)
박장호(朴章浩)・송지헌(宋之憲)・강지형(姜芝馨)
홍성욱(洪性郁)・정담교(鄭潭敎)・이용준(李容俊)
이동욱(李東旭)・장 정(張 檉)・장 사(張 梭)
박 탁(朴 鐸)

4월 2일 극적인 이날 인천 만국공원에 모인 대표는 20명 내외밖에 안 되었다. 서울에서 내려가기로 한 각 단체 대표인 천도교 대표 안상덕, 기독교 대표 박용희・장붕・이규갑・홍면희・권혁채(權赫采), 유림 대표 김규 등이었는데 대부분은 참석하였고 지방 대표는 거의 나오지 않았으며, 다만 수원・강화・인천 등 인근지역에서 10여 명이 모였다. 노천에서 다수 집합하기보다는 은밀한 실내에서 모이는 것이 안전하다 생각하고 어떤 음식점의 조용한 방 하나를 빌려 음식을 시켜 먹으면서 의논하였다.

2. 통합정부

(1) 대한민국 임시정부의 개조

 노령에서 조직된 국민의회와 상해의 임시의정원과 통합 교섭은 노령 대표 원세훈을 통해서 이미 원칙만은 논의하였거니와 동시에 상해 임시정부도 개조하여 한성 임시정부식으로 변모하였다.

 그러나 행정부 부서 조직과 조각만을 한성 정부식으로 했으며, 단 하나의 예외는 집정관총재(수반)를 대통령으로 그 명칭을 바꾸고 이를 뒷받침하도록 새로 정비된 헌법에 해당 조항이 삽입되었다.

 상해 행정부를 개조한다는 것은 행동성이 없는, 즉 의회가 없는 한성정부와의 일체화를 위하여 행동력이 있는, 의회가 있는 상해 정부측의 가능한 수단에 불과하였다.

 그리고 일체가 되지 않아서는 안 되는 이유는 명백하다. 기성 국가들과는 다른 입장에서 잃어버린 나라를 되찾으려는 민족적 지존 지대한 과업을 걸머진 혁명적 최고 통수부로서의 임시정부이고 보면 또한 촌토척지(寸土尺地)도 찾지 못한 우리들이 외지에 망명하여 세운 사실상 망명정부라는 칭호를 면치 못하면서, 한 개 이상의 정부가 있다는 것은 모순이었다.

이런 의미에서 이후에 서술하려니와 남북 만주에 설립된 군정부도 각기 군정서로 명칭을 바꾸었던 것이다. 또한 명분으로서도 아무리 활동적이고 정열적인 우국지사가 상해로 많이 모여 세워진 정부라 할지라도 외지에 망명하는 신세로서는 지하에서나마 조국 땅 수도에서 전국 13도의 국민 대표가 수립한 정부에 대하여 향수와 아울러 그 권위를 높게 평가하지 않을 수 없었다.

〈개헌안·정부 개조안〉

한성정부와 상해정부의 일체화의 구체적 작업은 민국 원년 8월 18일부터 9월 17일까지 개회된 제3회(임시정부 독립운동 연감에는 제6회) 의정원 회의에 정부가 제출한 헌법 개정안과 정부 개조안에서 시작되었다. 이 회기를 정부기관지 〈독립신문〉에는 제3회라 하였고, 독립운동 연감에는 제6회라 하였는데, 그 기준을 따져 보면 연감은 처음부터 통번을 붙였고 독립신문은 제3회 의정원 회의 때 임시의정원법이 통과되었으므로 이후 첫 회의, 즉 연감식 제4회 의회를 제1회로 기산하므로 독립신문에는 제3회라 하였다.

제8회 의정원은 의장이 결석하므로 부의장 정인과(鄭仁果)가 대행하여 상임위원회를 조직하는 등 자체 정비가 끝나자, 8월 28일부터 정부 제출의 개헌안과 정부 개조안을 상정하여 개헌안을 낭독한 후 토의에 부하기로 의결하고 정부개조안에 대하여 국무총리 대리 안창호에 대한 조완구 의원이 설명을 요구하자 총리대리가 등단하여 정치적 통일을 내외에 보이고자 한성정부의 각원을 표준으로 하자는 요지의 답변과 질의가 있었다.

이에 대한 기사는 〈독립신문〉 제4호 9월 2일자에 헌법 초안과 정부 개조안에 대한 내용이 다음과 같이 게재되었다.

〈임시헌장 초안 내용〉
1919년 8월 28일 의정원에 제출된 임시헌장 초안은 그 서문에 민국 원년 4월 11일 발표한 10개조의 임시헌장을 기초로 하고 제1장 강령, 제2장 인민의 권리와 의무, 제3장 대통령, 제4장 의정원, 제5장 국무원, 제6장 법원, 제7장 재정, 제8장 보칙(補則) 등 모두 8장 57조로 되었다.

대통령만 의정원에서 선거하고 국무총리 이하의 각 국무원은 대통령이 임명케 됨과 주권의 행사를 대통령에게 위임함이 임시의정원법과 특이한 점이다.

〈임시정부 개조안〉
국무원에서 의정원에 제출된 임시정부 개조안은 다음과 같다.
① 제도를 변경하여 총리제를 통령제로 하고 국무총리 이승만을 대통령으로 선거함
② 조직을 확장하여 행정 6부를 7부 1국으로 하고 다음과 같이 총리 총장 및 총판을 선임함

국무총리　이동휘　　법무총장　신규식
내무총장　이동녕　　학무총장　김규식
외무총장　박용만　　교통총장　문창범
군무총장　노백린　　노동총판　안창호
재무총장　이시영

〈국무원 제출〉
국무총리대리 안창호의 설명

본안의 주지는 현재 상해에 있는 정부를 개조하되 한성에서 발표된 각원을 표준으로 하고 다만 집정관총재를 대통령으로 개정하고자 함인데, 임시헌법의 개정도 사실 이를 위한 것이다.

이는 정부가 즐겨서 하는 것이 아니고 부득이하여 하는 것이니, 대개 실제도 아닌 일에 시간을 더 허비함이라. 최초에 임시정부를 조직할 때에도 장구한 시일을 허비하더니 조직 후에도 각 총장의 대부분은 출석지 못하여 응급책으로 위원제를 취하였으나, 역시 예기의 성적을 얻지 못하고 고민하다가 앞서 차장제가 실시되자 그 성적은 매우 만족하였다. (중략) 상해의 임시정부와 동시에 한성 임시정부가 발표되어, 이승만 정부는 상해 정부의 국무총리인 동시에 한성 정부의 집정관총재를 겸하여 세상으로 하여금 우리 민족에게 두 개 정부의 존재를 의심케 한다.

동시에 우리 정부의 유일무이(唯一無二)함을 내외에 표시함이 필요한 일이니, 이렇게 하려면 상해 정부를 희생하고 한성 정부를 승인함이 온당할지라. 혁명시대에는 피차 교통과 의사의 소통이 불편하므로 각기 필요에 의해 일시에 2, 3의 정부가 출현됨이 또한 사세 부득이하여 이는 오직 애국심에서 나온 것이요, 결코 하등의 사욕이 있는 것이 아니라 둘 중에서 하나를 택한다면 우리 국토에서 조직된 경우를 승인함이 또한 의미 있는 일이다.

혹은 두 개의 정부를 모두 말살시키고 통일된 신정부를 조직할 것을 말하나, 이는 또 한 개의 정부를 낳아서 3개 정부의 존재를 의심케 하는 결과를 가져오게 되리라. 그러므로 집정관총재를 대통령으로 하는 외에 한성에서 조직한 정부의 1점 1획도 변함이 불가하노라.

이렇게 하는 주된 이유는 우리들의 전도에 절대로 필요한 통일을 얻으려 함이어니와 또 한두 가지 기쁜 것이 있으니, 즉 모국의 수부에서 조직된 정부를 승인함이 그 하나요, 한성의 정부 각원에는 상해 임시정부 각원 중에서 재무총장 최재형 한 분이 없음은 유감이나, 그대신 박용만·신규식·노백린·이동녕·이시영 등 다섯 분을 가하게 된 것은 기쁜 일의 또 하나이다. 현금 전국민의 애국심과 통일의 요구가 날로 증가하여 각처의 개인 및 단체로부터 상해 정부를 향하여 충성을 다한다는 서신이 답지하니, 실로 통일을 이룩할 좋은 기회라. 현명하신 제위는 통일을 위하여 전력하기를 희망하노라.

〈개헌안 및 정부 대조안의 통과〉

8월 30일과 9월 1일에 헌법 초안 제1독회, 9월 2일과 4일에 제2독회, 5일 제3독회를 거쳐 대통령제(한성 정부의 집정관총재의 개칭으로 이것만이 변경된 것)의 신 임시헌법은 3·1 정신을 받든다는 전문과, 8장 58조로 체제를 갖추어 9월 6일에 만장일치로 통과되었다(처음 57조에 구황실 우대 조항이 조완구 의원의 요청으로 삽입되었음). 이는 실로 금일의 우리 나라 헌법의 모태를 이루고 있다.

다음 안창호가 대통령 대리(이 대통령은 미국에 있음)로 피선되었다.

9월 11일 신내각이 성립되어 9월 18일에는 신정부의 이동휘 총리가 국민의회 해산의 기쁜 소식과 함께 내무차장 현순 등과 돌아와 상해는 축제 기분에 들떴다. 이어 이동녕 내무, 이지영 재무총장 등의 각료가 도착했으며 박용만 외무와 노백린 군무총장의 소식도 들어왔다.

〈대통령 칭호 채택의 이유〉

상해 정부와 한성 정부가 일체화하기 위하여서는 정부 설명과 같이 최소한 행정 각부 편제와 각료 명단이 일치해야 했을 것이다. 그러나 공교롭게 제안자 대표 안창호 내무총장(수반인 이승만 총리가 미국에 있어 총리 대리를 시무하는 단 한 분의 총장급 취급자였다)은 노동국총판으로 격하되어, 정부 지도자로서의 지위와 동요를 우려한 나머지 노동국을 농무부로 고치자는 안이 의정원측에서 나와 공사(公私)로 인한 본인의 고사(固辭)에도 불구하고, 제2독회에서 통과되었다가 제3독회에서 농무부로 정정하자는 대안이 새로이 나와, 농무부안과 대립하다가 마침내 두 가지 안이 모두 부결되어 정부안대로 노동국으로 낙착되는 소란한 장면도 있었다.

또한 '안창호 내무총장, 안창호 노동총판'의 문제는 안창호가 조국과 민족을 위해서는 지위나 명리는 염두에 두지 않고 오직 헌신한다는 고결한 마음씨에 총장에서 격하된 노동국의 총판을 스스로 달게 받으려고 고집한 심모원려(深謀遠慮)는 한성 정부가 결정한 정부 조직 관제를 1자 1획도 고치지 않고 오직 한성 정부의 집정관총재를 대통령으로 고치는 데에 그치라는 것이다. 이는 마치 지난날 백범(白凡) 김구가 우국지성심에서 명리·지위 따위는 안전에 두지 않고, 오직 공(公)을 위해서 자기는 임시정부의 문지기를 시켜달라고 요청하여, 정부측에서는 차마 그를 문지기로 할 수 없어서 경무국장을 시킨 장면과도 흡사하였다. 모두 이 두 분과 같은 거룩한 애국지사의 마음씨를 가졌다면 어찌 민족의 분열이 있으리오.

이상과 같이 상해에 수립된 임시정부가 노령의 국민의회를 포섭하고 또한 자신을 개조하여 한성 정부와 일체화한 것은 우선 정치적 통일이란 대업을 일단락지은 것이 된다.

〈혁명 기지를 마련한 선구자〉

상해 프랑스 조계가 임시정부 창립으로부터 윤봉길 의사의 의거 후, 정부 요인들이 적의 단말마적 준동으로 상해를 떠날 때까지 10여 년 간, 임시정부의 터전으로 여기서 정부가 수립되고 유지된 데 대해서는 전결에서 몇 가지 지적되었거니와, 임시정부 전사(前史)의 일부라고 할 수 있는 「동제사(同濟社)」의 업적을 무시해서는 안 된다.

즉 예관(睨觀) 신규식(申圭植)은 일찍이 망명의 길을 떠나 중국 남방으로 가서, 전제적 군주국가인 만청(滿淸) 정부를 두들겨 부수고 5족 공화의 중화민국을 세우려고 활약하던 중국의 혁명투사(국민당의 중진들)들과 결맹하고 「동맹회」에 가입하여 손문(孫文) 총리를 따라 「신해(辛亥)혁명」, 즉 무창(武昌) 의거에 참가하였으니 한국인으로서는 중국 국민혁명에 참가한 사람으로 역시 예관이 제일인자였다. 이때 중국 국민혁명의 투사이며 국민당의 원로인 진영사(陳英士:陳果夫, 立夫의 부친)·여천민(呂天民) 등과 교분이 두터워졌으며 또 국민당의 선배되는 호한민(胡漢民)·송교인(宋敎仁)·대계도(戴季陶) 등 여러 동지가 상해에서 민권보(民權報)를 준비하여 국민혁명을 선정하려 할 때에 예관은 강개한 나머지 주머니를 털어 여비로 가지고 있던 금액 전부를 신문발행의 보조금으로 연출하였다.

그러자 청국 정부와 중국에 주재하는 일본영사는 현상금을 걸고 예관을 체포하려고 준동하였으므로, 잠시 상해 프랑스 조계로 은신하였다. 그러자 차차 중국으로 망명해 오는 한국인 지사들이 날로 많아짐을 보고, 마침내 「동제사」를 조직하여 독립운동의 중심기구로 하기 위하여 발기하였다. 당시 「동제사」의 중심 인물로는 예관을 위시하여 박은식·김규식(金奎植)·신채호(申采浩)·문일평(文一平)·박찬익(朴贊翊)·신건식 (申健植)·정환범(鄭桓範)·민충식(閔忠植)·김용준 (金容俊)·윤보선(尹潽善)·이찬영(李贊永)·이광(李光)·신석우(申錫雨)·변영만(卞榮晩) 등이었고, 동제사의 사원은 3백여 명에 달하였다.

이상 동제사 이외에도 예관은 한국과 중국의 혁명지사를 서로 연결시키고, 양국 민간의 우위를 증진시키기 위하여 「신아동제사(新亞同濟社)」를 조직할 것을 발기하였는데 거기에 참가한 사람은 중국 국민당의 원로들이다. 즉 당시 명망 높은 송어부(宋漁父)·진영사·호한민·대계도·요중개(廖仲凱)·도노(陶魯)·서겸(徐謙)·오철성(吳鐵城)·여천민·당소의(唐紹儀)·황개민(黃介民)·양춘시(楊春時)·진과부(陳果夫)·장정강 등이었다.

예관이 사귄 혁명동지 중에도 진영사와 여천민 및 송교인은 더욱 교분이 두터웠다.

예관의 활약은 어떤 의미에서 본다면 임시정부 전사(前史)의 일부라고 할 수도 있다.

이와 같이 예관의 숨은 업적은 임시정부 수립을 위해서도 선행적 구실을 하였다.

〈임시정부의 시정〉

임시헌법이 개정되고 임시정부가 개조되자, 9월 13일 종래의 정무를 폐하고 9월 15일(월요일)을 임시정부의 시정일로 하였다.

개조된 국무원 명단이 발표되자 노령에서 이동휘, 항주에서 이동녕·이시영·신규식을 오게 하여, 11월 3일 프랑스 조계 강녕양리(康寧陽里) 3호에서 취임식을 거행하였다. 즉 프랑스 조계 민단사무소에서 국무총리 및 각부 총장의 취임식을 거행한다는 국무원 비서장 명의로 공포가 있었다.

외무총장으로 임명된 박용만(朴容萬)은 미국에서 군사 단체를 조직하고 무력 항쟁을 서둘러 왔던 입장에서, 외무총장으로 임명된 것을 달갑잖게 여기고 북경에 체재하면서, 임시정부 반대파와 제휴하고 국민대표회에 가담하다가, 국내로 들어와서 일제의 무리들과 만나 타협하였다는 혐의를 받고 이해명(李海鳴)에게 암살되었다.

교통총장에 임명된 문창범도 임시정부에 반대하여 취임하지 않았다. 그는 통일정부 조직을 위하여 이미 해소하였던 대한 국민의회를 부활시켜 회장으로 있으면서 임시정부에 협력하지 않자 면직시키고, 교통차장 김철이 교통총장 대리에 임명되었다.

이로써 일단 내각이 개조되고 국무총리 및 총장·총판이 취임하여 정무를 보게 되었으나, 노령의 실력자 최재형이 제외되었다. 그는 얼마 지나서 1920년 4월, 적에게 피살되었다.

(2) 대한민국 임시헌법(1919년 9월 11일)

아 대한 인민은 아국이 독립국임과 아 민족이 자유민임을 선언하였도다. 이로써 세계 만방에 고하여 인류 평등의 대의를 극명하였으니, 이로써 자손만대에 고(誥)하여 민족 자존의 정권을 영유케 하였도다. 반만년 역사의 권위를 장하여, 2천만 민족의 성충을 합하여, 민족의 항구여일(恒久如一)한 자유 발전을 위하여, 조직된 대한민국의 인민을 대표한 임시의정원은 민의를 체(體)하여, 원년 4월 11일에 발포한 10개조의 임시헌장을 기본삼아 본 임시헌법을 제정하여 공리(公理)를 창명(昌明)하며, 공익을 증진하며, 국방 및 내치(內治)를 주비(籌備)하며, 정부의 기초를 공고히 하는 보장이 되게 하노라.

〈제1장〉
  제1조 대한민국은 대한 인민으로 조직함
  제2조 대한민국의 주권은 대한 인민 전체에 재함
  제3조 대한민국의 강토는 구한국의 판도로 함
  제4조 대한민국의 인민은 일체 평등임
  제5조 대한민국의 입법권은 의정원이, 행정권은 국무원이, 사법권은 법원이 행사함
  제6조 대한민국의 주권 행사는 헌법 범위 내에서 임시 대통령에게 전임함
  제7조 대한민국은 구황실을 우대함
   〈제2장 인민의 권리의무〉

제8조 대한민국의 인민은 법률의 범위 내에서 다음 각 항의 자유를 향유함
① 신교의 자유
② 재산의 보유와 영업의 자유
③ 언론·저작·출판·집회·결사의 자유
④ 서신 비밀의 자유
⑤ 거주 이전의 자유

제9조 대한민국의 인민은 법률에 의하여 다음 각 항의 권리를 가짐
① 법률에 의하지 아니하면 체포, 사찰, 신문, 처벌을 받지 아니하는 권
② 법률에 의하지 아니하면 가택의 침입 또는 수색을 받지 아니하는 권
③ 선거권, 피선거권
④ 입법부에 청원하는 권
⑤ 법원에 소송하여 그 재판을 받는 권
⑥ 행정 관서에 소원하는 권
⑦ 문무관에 임명되는 권, 또는 공무에 취하는 권

제10조 대한민국의 인민은 법률에 의하여 다음 각 항의 의무를 가짐
① 납세의 의무
② 병역에 복하는 의무
③ 보통교육을 받는 의무

〈제3장 임시대통령〉

제11조 임시대통령은 국가를 대표하고 정무를 총람하며 법률을 공포함

제12조 임시대통령은 임시의정원에서 기명 단기식 투표로 선거하며, 투표 총수의 3분의 2 이상을 얻은 자로 당선함. 단 2회 투표에도 결정치 못하는 때는 3회 투표에는 다수를 얻은 자로 당선케 함

제13조 임시대통령의 자격에 대한 인민으로 공권상 제한이 없고, 연령 만 40세 이상된 자로 함

제14조 임시대통령은 취임할 때에 임시의정원에서 다음과 같이 선서함을 요함

'나는 일반 인민의 앞에서 성실한 심력으로 대한민국 임시정부 대통령의 의무를 이행하며, 민국의 독립 및 내치 외교를 완성하여 국리 민복을 증진케 하며, 헌법과 법률를 준수하고 또한 인민으로 하여금 준수케 하기를 선서하나이다'

제15조 임시대통령의 직권은 아래와 같음

① 법률 위임에 기(基)하거나, 혹은 법률을 집행하기 위하여 명령을 발포, 또는 발포케 함

② 육·해군을 통솔함

③ 관제(官制)·관규(官規)를 제정하며, 임시의정원의 결의를 요함

④ 문무관을 임명함. 단 국무원과 주외 대사

　　　　　　를 임명함에는 임시의정원의 동의를 요함
　　　　　⑤ 임시의정원의 동의를 경하여 개전, 강화
　　　　　　를 선포하고 조약을 체결함
　　　　　⑥ 법률에 의하여 계엄을 선포함
　　　　　⑦ 임시의정원을 소집함
　　　　　⑧ 외국의 대사와 공사를 접수함
　　　　　⑨ 법률안을 임시의정원에 제출하되 국무원
　　　　　　의 동의를 요함
　　　　　⑩ 긴급 필요가 있을 경우에, 임시의정원이
　　　　　　폐회된 때는 국무회의 동의를 얻어서 법
　　　　　　률에 대신하는 명령을 발하되, 차기 의회
　　　　　　의 승인을 요함. 단 승낙을 얻지 못할 시
　　　　　　는 장래에 향하여 그 효력을 실(失)함을
　　　　　　공포함
　　　　　⑪ 중대한 사건에 관하여 인민의 의견서를
　　　　　　수합(收合)함
　　　　　⑫ 대사·특사·감형·복권을 선고함. 단
　　　　　　대사는 임시의정원의 동의를 요함
　　제16조　임시대통령은 임시의정원의 승낙 없이 국
　　　　　　경을 천리(擅離:명령받고 있는 자리를 함부
　　　　　　로 떠남)하지 못함
　　제17조　임시대통령이 유고할 시는 국무총리가 대
　　　　　　리하고, 국무총리가 유고할 시는 임시의정
　　　　　　원에서 임시대통령대리 1인을 선거하여 대
　　　　　　리케 함

〈제4장 임시의정원〉

제18조 임시의정원은 제19조에 규정한 의원으로 조직함

제19조 임시의정원 의원의 자격은 대한민국 인민으로 중등 교육 이상을 받은 만 33세 이상 된 자로 함

제20조 임시의정원 의원은 경기·충청·경상·전라·함경·평안 각 도 및 중령교민(中領僑民)·노령 교민에 각 6인, 강원·황해 각 도 및 미주 교민에서 각 3인을 선거함. 전항에 관한 임시 선거방법은 내무부령으로 이를 정함

제21조 임시의정원의 직권은 다음과 같음
① 일체 법률안을 의결함
② 임시정부의 예산 결산을 의결함
③ 전국의 조세·화폐 제도와 도량형의 준칙을 의정함
④ 공채 모집과 국고 부담에 관한 사항을 의결함
⑤ 임시대통령을 선거함
⑥ 국무원 및 주외 대사·공사 임명에 동의함
⑦ 선전·강화와 조약 체결에 동의함
⑧ 임시정부의 자순(諮詢) 사건을 복답(復答)함
⑨ 인민의 청원을 수리함

⑩ 법률을 제출함
⑪ 법률 기타 사건에 관한 의견을 임시정부에 건의할 수 있음
⑫ 질문서를 국무원에게 제출하여 출석 답변을 요구할 수 있음
⑬ 임시정부에 자청(諮請)하여 관리의 수회(受賄)와 기타 위법한 사건을 사판(査辦)할 수 있음
⑭ 임시대통령의 위법 또는 범죄 행위가 있음을 인정할 때는 총원 5분의 4 이상의 출석, 출석원 4분의 3 이상의 가결로 탄핵 또는 심판할 수 있음
⑮ 국무원 실직 또는 위법이 있음을 인정할 때는, 총원 4분의 3 이상의 출석, 출석원 3분의 2 이상의 가결로 탄핵할 수 있음

제22조 임시의정원은 매년 2월에 임시대통령이 소집함. 필요가 있을 때는 임시 소집할 수 있음

제23조 임시의정원의 회기는 1개월로 정하되 필요가 있는 때는 원(院)의 결의, 혹은 임시대통령의 요구에 의하여 신축할 수 있음

제24조 임시의정원의 의사는 출석원 반수로 결하되 가부 동수로 될 때는 의장이 이를 결정함

제25조 임시의정원의 회의는 공개하되, 원(院)의 결의 또는 정부의 요구에 의하여 비밀히 할 수 있음

제26조 임시의정원의 의결한 법률 기타 사건은 임시대통령이 이를 공포 또는 시행함. 법률은 자달(咨達) 후 15일 이내로 공포함을 요함

제27조 임시의정원의 의결한 법률 기타 사건을 임시대통령이 불가하다고 인정할 때는 자달 후, 10일 이내에 이유를 성명하여 재의를 요구하되, 그 재의 사항에 대하여 출석원 4분의 3 이상이 전의(前議)를 고집할 때는 제26조에 의함

제28조 임시의정원 의장·부의장은 기명 단기식 투표로 의원이 호선(互選)하여 투표 총수의 과반을 얻은 자로 당선케 함

제29조 임시의정원은 총의원 반수 이상이 출석지 아니하면 개회할 수 없음

제30조 부결 의안은 동 회기에 재차 제출할 수 없음

제31조 임시의정원 의원은 원내의 언론 및 표결에 관하여 원외에서 책임을 지지 아니함. 단 의원이 그 언론을 연설·인쇄·필기 기타 방법으로 공포할 때는 일반 법률에 의하여 처분함

제32조 임시의정원 의원은 내란 외환의 범죄나, 혹 현행범이 아니면 회기중에 원의 허락이 없이 체포할 수 없음

제33조 임시의정원은 헌법 및 기타 법률에 규정한 외에 내부에 관한 제반 규칙을 자정(自定)

할 수 있음

제34조 임시의정원은 완전한 국회가 성립되는 날에 해산하고 그 지권은 국회가 이를 행함

〈제5장 국무원〉

제35조 국무원은 국무원(國務院)으로 조직하여 행정 사무를 일체 처판(處辦)하고 그 책임을 짐

제36조 국무원에서 의정할 사항은 아래와 같음

① 법률·명령·관제·관규(官規)에 관한 사항

② 예산·결산 또는 예산의 지출에 관한 사항

③ 군사에 관한 사항

④ 조약과 선전(宣戰) 강화에 관한 사항

⑤ 고급 관리 진퇴에 관한 사항

⑥ 각부 권한 쟁의 및 주임(主任) 불명에 관한 사항

⑦ 국무회의의 경유를 요하는 사항

제37조 국무총리와, 각부 총장과, 노동국 총판을 국무원이라 칭하며, 임시대통령을 보좌하고 법률 및 명령에 의하여 주관 행정 사무를 집행함

제38조 행정 사무는 내무·외무·군무·법무·학무·재무·교통의 각 부와 노동국을 두고 각기 분장함(주의:군무가 누락됨)

제39조 국무원은 대통령이 법률안을 제출하거나 법률을 공포하거나 혹은 명령을 발포할 때

에 반드시 이에 부서(副署)함

제40조 국무원 및 정무위원은 임시의정원에 출석하여 발언할 수 있음

제41조 국무원이 제21조 제15항의 경우를 당할 때는 임시대통령이 면직하되 임시의정원에 1차 재의를 청구할 수 있음

〈제6장 법 원〉

제42조 법원은 사법권으로 조직함

제43조 법원의 편제 및 사법관의 자격은 법률로서 이를 정함

제44조 법원은 법률에 의하여 민사소송 및 형사소송을 재판함. 형사소송과 기타 특별소송은 법률로서 이를 정함

제45조 사법권은 독립하여 재판을 행하고, 상급 관청의 간섭을 받지 아니함

제46조 사법관은 형법의 선고 또는 징계처분에 의하지 아니하면 면직할 수 없음

제47조 법원의 재판은 공개하되 안녕 질서 또는 선량의 풍속에 방해가 있다 할 시는 공개하지 아니할 수 있음

〈제7장 재 정〉

제48조 조세를 신과(新課)하거나 세율을 변경할 때는 법률로서 이를 정함

제49조 현행의 조세는 다시 법률로서 개정한 자 외에는 구례(舊例)에 의하여 징수함

제50조 임시정부의 세입 세출은 매년 예산을 임시
    의정원에 제출하여 의결함을 요함
제51조 예산 관항(款項)에 초과하거나 예산 외에
    지출이 있을 때는 차기 임시의정원의 승낙
    을 요함
제52조 공공 안전을 유지하기 위하여 긴급 수용
    (需用)이 있는 경우에 임시의정원을 소집하
    기 불능한 때는 임시정부는 재정상 필요의
    처분을 하고 제51조에 의함
제53조 결산은 회계 감사원이 이를 검사 확정한
    뒤 임시정부는 그 검사 보고와 함께 임시의
    정원에 제출하여 승인을 요함
    제54조 회계 감사원의 조직 및 직권은 법
    률로써 이를 정함
〈제8장 보칙(補則)〉
제55조 본 임시헌법을 시행하여 국토 회복 후 1년
    내에 임시대통령이 국회를 소집하되 그 국
    회의 조직 및 선거 방법은 임시의정원이 이
    를 정함
제56조 대한민국 헌법은 국회에서 제정하되 헌법
    이 시행되기 전에는 본 임시헌법이 헌법과
    동일한 효력을 가짐
제57조 임시헌법은 임시의정원의 의원 3분의 2 이
    상이나 혹 임시대통령의 제의로 총원 5분의
    4 이상의 출석, 출석원 4분의 3 이상의 가

결로 개정할 수 있음
제58조 본 임시헌법은 공포일로부터 시행하고, 원
년 4월 11일에 공포한 대한민국 임시헌장
은 본헌법의 시행일로 폐지함

3. 하부기관조직

 일부 자각이 모자라는 사람 때문에, 임시정부 그늘 밑에서 자상천답(自傷踐踏)이 빈번하였고 촌토척지(寸土尺地)도 없는 망명정부일망정 초창기에는 온 겨레가 충심으로 우러러 받들고 동경하던 임시정부였다.

 배달민족이 있는 곳은 빠짐없이 천애지각(天涯地角), 어디서나 모두 의기를 높이 들고 대한독립 만세를 불렀다. 이 3·1운동의 결정체로 탄생한 옥동자가, 즉 임시정부이므로 이 목적을 관철시키기 위해서는 온 겨레가 상호간 통신 교통 연락 등으로 의견을 교환하고 힘을 집결하여 혁명사업의 혈맥인 자금 모금과 인원 배치 조직활동을 전개하게 되었으며, 여기서 하부기관 조직이 절대로 필요하게 되었다.

 적의 눈초리가 지나치게 삼엄하여 조직운동을 내놓고 하기는 불가능하였으므로 지하운동을 통하여 우리 임시정부의 특수한 방법을 취하게 되었다.

 독립운동상 비밀결사 지하운동으로 세계사에 점철되어 있는 유명한 그리스의 헤타이리아(Hetairia)사(社)라든지, 아일랜드의 신페인(Sinn Fein)당이며 이탈리아의 카르보나리(Carbonari)당에도 능가할 만한, 단수가 높은 방법으로 지하 조직망를 펼쳐나갔었다.

이것이 임시정부 산하의 교통국과 연통제의 명칭으로 알려진 지하조직이었다.

남북 만주에 산재한 허다한 독립운동 단체도 형식만은 임시정부의 산하 단체인 것처럼 되어 있었으나, 1920년초에 조직되었다가 1년도 못 되어서 명칭이 사라진 광복군 사령부, 광복군 참리부(參理部)와, 그 뒤 통의부에서 갈려 나온 제1, 2, 3, 5중대로 조직된 육군주만 참의부가 임시정부의 직할로 있어서 다른 독립운동 단체보다는 임시정부의 지시를 비교적 많이 받았다고 할 수 있을 정도이고, 모두 독자적인 활동을 전개해서 재만 독립운동 단체가 임시정부의 직접 지도를 받았다고는 할 수 없다. 따라서 명분만이라도 임시정부의 하부기관이라 할 수 있는 단체는 이상의 두 기관과 초창기에 북간도의 국민회를 들 수 있으며, 실제로 임시정부의 하부조직은 교통국 연통제라 할 수 있다.

(1) 교통국 및 연통제(聯通制)

국내와 교통 통신을 긴밀하게 하기 위하여 교통국을 설치하였는데 처음 출발은 1919년 5월 12일 임시의정원에서 국무위원 조완구(趙琬九)가 시정 방침의 한 항목으로 발표하고 시행에 착수한 것인데, 이 제도는 1919년 7월 10일 임시정부 국무원령(國務院令) 제1호로 연통제 실시를 공포하고 실시에 착수하였다.

안창호가 내무총장으로 부임하기 앞서 이 제도를 마련하였는데, 이는 내무총장의 지휘 감독 아래 국내 행정구역에 따라서 광범위한 비밀통신 연락망을 설치하게 된 것이었다. 수도 서울에는 임시 총판부(總辦部)를 설치하고, 도(道)에는 독판(督辦)·부(府)에는 부장, 군에는 군감(郡監), 면에는 면감을 두어 조선총독부의 행정 조직과 대조되는 조직망을 설치하기로 한 것이었다.

교통국과 연통제의 차이는 주관 부서가 교통국은 교통부의 소관이고 연통제는 내무부의 소관인데 교통국은 통신 업무에 치중하면서 재정 자금의 징수업무를 맡았으며, 특히 그는 안동현 시내 북감자(北坎子)에 근거를 두고, 무역상을 경영하는 아일랜드 사람 조지 쇼(George L. Show)의 「이륭양행(怡隆洋行)」 2층을 그 거점으로 삼고 활동을 전개하였다.

조지 쇼도 우리들 같이 나라를 빼앗기고 망국의 설움에 잠겼던 입장으로 우리 독립운동에 깊은 이해와 동정으로 많은 편의를 우리 운동자에게 제공하여 일제 관헌의 간섭을 거부하고 임시정부와 기타 독립운동기관에도 큰 도움을 주었다. 의열단이 다량의 무기를 국내로 운송할 때에도 이륭양행의 선박을 이용하여 상해에서부터 안동현에 운반하여 국내 반입에 편의를 봐주는 등 여러 각도로 독립운동을 원조하였다. 그도 우리 민족의 큰 은인이다.

독립 투사들은 국내와의 통신 연락과 군자금 모집이며, 무기 운반 혹은 은닉 등 다각적 활동에 이륭양행의 기능을 아낌없이 이용하였다. 안창호가 내무총장으로 취임한 이후 9월(1919년)부터 여기에다 임시 교통부의 안동지부 사무국을 두고 보다 더 활발하게 그 임무를 수행토록 하였다.

국내 각지와의 통신과 연락은 물론이요, 행정 조직에까지 임시정부의 영향력이 미치게 하기 위하여 연통제(聯通制)를 실시하였다.

임시정부 초창기부터 국내 정보를 활발히 통신하여 독립운동의 연락자로서 책임을 맡고 있던 공남해(孔南海:병명 楊大平)는 안동현의 교통국 지부장격이었는데, 안동 교통지부는 국내의 각 군에 국을 설치하고 각 면에는 교통소를 설치할 계획을 추진하고 있었으며 그 해 10월 17일 안동 교통 사무국으로 명의가 변경되면서 평안남북도와 황해도의 교통 사무만을 관장하게 되었다

안동 교통국은 원래 국내의 통신 연락을 위하여 설치된 것이었으나, 후에는 만주 지방의 통신 업무도 관장하였다.

만주 지방의 것은 통신국으로 불리던 것인데 이러한 것은 1919년 7월 30일 관전(寬甸) 통신국은 교통부 안동 지부에서 감독하지 말고 정부에서 직접 감독해 달라는 청원 내용에도 나타났다. 그리고 관전 통신국에 있던 김두만(金斗滿)이 같은 해 10월 8일부터는 평안북도 강변 8군 지방 교통국장으로 활동하고 있던 것을 보면, 임시정부의 만주 지방 통신업무는 독립운동 단체로 넘어가고, 압록강 연안 부근의 정보통신은 강변 8군 지국에서 담당한 것이 분명하다. 이 지역의 활약은 독

립군의 활동이 격렬하던 지방이었기 때문에 많은 공헌을 남겼다.

안동 교통 사무국이 평안남북도와 황해도만을 관장하게 된 10월 17일 이후부터는, 함경도 지방에 별도로 교통 사무국이 설치되었다.

이와 같이 교통국의 조직 및 기구에 대한 개편은 몇 번 있었는데, 조완구의 시정 방침 연설과 더불어 안동 교통부가 설치된 후 8월 20일에는 지방교통국 장정(章程)이 국무원령(國務院令) 제2호로 공포되었고(설치 후 공포), 9월 25일에는 홍성익(洪成益)이 정식으로 국장에 임명되었으며, 10월 17일에는 안동 교통사무국으로 개편되었다.

그리고 1920년 1월 13일에는 위의 지방 교통국 장정이 개정 공포되었다.

이때 안동 교통사무국의 관할 구역을 평안도와 황해도 지방으로 한정하여 함경도 지방과 분리시켰는데 1920년 7월 10일 안동 사무국이 일본의 습격을 받고 또 안동 교통사무국의 활동을 보호해 주던 조지 쇼가 이튿날 체포되어 교통 업무가 큰 타격을 받게 되었다. 그러나 조지 쇼가 곧 보석으로 풀려나 다시 활기를 띠었다.

남부 지방에 대해서도 교통국을 설치하려고 했던 것은 1920년 5월 31일 경상남북도에 교통국을 설치하러 갔던 김태규(金泰圭)가 체포되었다는 기록을 통해서 알 수 있다. 그러나 교통국의 설치는 성공하지 못하였다.

〈임시 지방교통사무국 장정(章程)〉

제1조 교통부 우전 사무를 위하여 주요 지점에 임시 교통사무국을 설치함. 국의 위치는 교통총장이 이를 정하되 그 관할구역은 행정 연통제를 준거함. 임시 지방 교통사무국은 아직 내왕 인원 접제(接濟)의 사무를 겸장함

제2조 임시 지방 교통사무국의 직원은 다음과 같음
　　　국장 1인:국무를 통할하며 국원을 감독함
　　　참사 2인:국장의 지휘 밑에서 일반 국무를 장리함
　　　서기:상관의 명령을 좇아 서무에 종사함
　　　통신원:상관의 명령을 좇아 통신 내왕에 종사함

제3조 임시 지방 교통사무국장은 교통총장의 허가를 얻어 다시 지국을 설치할 수 있음. 임시 지방 교통사무국에는 지국장 1인 서기 통신원 각 약간인을 두며 그 직권은 전조에 의거함. 지국장의 관위(官位)는 본조의 참사를 예겸(例兼)함

제4조 국장·지국장 및 참사는 교통총장이 이를 명하고 서기 이하의 직원은 국장이 자행 선정함

제5조 본 장정은 반포일로부터 시행함

〈임시 지방 교통사무국 장정(개정)(교령 제2호 1920년 1월 13일)〉

제1조　교통부 우전 사무를 위하여 중요 지점에 임시 교통사무국을 설치함. 국의 위치는 교통총장이 이를 정하되 그 관할 구역은 현행 연통제를 준거함. 임시 지방 교통사무국은 아직 내왕 사원(來往使員) 접제(接濟)의 사무를 겸장함

제2조　임시 지방 교통사무국의 직원은 다음과 같음.
　　　　국장 1인 : 국원을 통할하며 국원을 감독함
　　　　참사 : 국장의 지휘 밑에서 일반국무를 장리함
　　　　서기 : 상관의 명을 좇아 서무에 종사함
　　　　통신원 : 상관의 명을 좇아 통신 내왕에 종사함

제3조　임시 지방 교통사무국장은 교통총장의 허가를 얻어 필요한 지점에 다시 지국을 설치할 수 있음. 임시 지방 교통사무국에는 지국장 1인, 서기·통신원 각 약간 인을 두며 그 직권은 전조에 의거함

제4조　국장·지국장 및 참사는 교통총장의 보천(保薦)으로 대통령이 임명하고 서기 및 통신원은 교통총장이 이를 임명함

제5조　본 장정은 공포일로부터 시행함

〈교통국의 활동〉

 교통국은 연통부보다 먼저 설치하되 임시정부 초기에 특히 많은 정보를 수집 보고하였다. 그리고 교통국의 조직이 안동 교통사무국과 함경도 사무국이 있어서, 각 군의 교통국을 관장하고 있었다고 해서, 임시정부에 보고할 때도 그 체제를 따라 단계적으로 보고해야 하는 것은 아니다. 즉 각 군의 교통지국에서 직접 임시정부에 보고했던 것은 연통부의 경우와 같다.

 교통국의 활동은 통신 업무가 본래의 것이라고 하더라도 그것에만 묶여 있었던 것은 아니다. 그것은 앞에 소개한 교통국의 기구에서 ① 금전 모금 ② 통신 ③ 인물 소개의 기구가 설치되어 있었던 것을 보아서 알 수 있으려니와, 따라서 교통국의 활동은 ① 정부 자금을 모금하는 것 ② 정보를 수집하여 보고하는 일 및 임시정부의 지령을 전달하는 것 ③ 교통국의 조직 및 독립운동을 위한 인물 소개와 연락을 하는 것 등이었다. 그리고 실제의 경우를 보면 문서의 전달뿐만 아니라 무기의 수송 전달 같은 일도 맡았던 것이다.

 이와 같이 상해와 만주, 상해와 국내, 만주와 국내를 연결하는 통신 업무를 담당하여 특히 안동 교통국에는 무기의 수송까지 맡아 왔으며, 오고가는 독립 운동자의 체류지 혹은 연락지의 구실도 하였다.

 3·1 운동 후 국내 혹은 만주와 상해를 왕래하는 독립투사의 길을 안내하고, 조지 쇼가 경영하던 이륭양행은 상선을 제공하여 특히 국내에서 처음으로 외국 여행

을 하는 독립운동자가 상해까지 무사히 갈 수 있게 했던 것이다. 그리고 안동 교통국은 임시정부의 공식업무만을 수행한 것이 아니라 모든 독립운동자와 그 운동 단체에게 편의를 제공하면서 독립운동 전반에 관여하였다.

안동 교통사무국의 활동은 사무국장 홍성익이 1920년 1월 24일 체포되어 신의주 감옥에서 순국하여 사업상 지장도 있었으니 교통사무국 설치 후 조지 쇼가 체포되어 운동이 침체되었다가 그가 풀려 나오자 다시 활기를 띠기도 하였다. 이와 같이 우리 독립운동에 동정과 이해를 갖는 한 외국인의 거취 여하에 따라서 한 민족의 운명을 걸머진 운동이 좌우되었다는 사실은 참으로 부끄러운 일이다.

적 일본 당국의 조지 쇼에 대한 기록 가운데 몇 가지를 간추려 보면 다음과 같다.

① 1919년 11월 의친왕(義親王) 사건을 지원했다
② 만주 독립운동자에게 무기 수송
③ 임시정부에 비밀 문서 전달
④ 이륭양행의 1부를 독립운동의 근거지로 제공함
⑤ 일본의 외교교섭에 의하여 봉천에 있는 영국 총영사가 그에게 주의할 것을 시달했음에도 불구하고 의연히 독립운동을 원조하였다는 일
⑥ 1920년 5월 임시정부 요인이 이륭양행 소속 선박 「계림환(桂林丸)」을 타고 상해에서 안동으로 온다는 정보를 입수하고 영국 총영사의 양해를 얻어 체포하려고 했으나 조지 쇼가 거절하여 체포하지 못

하였다
⑦ 그 후 계속하여 검거된 독립운동자는 거의 이륭양행을 근거로 활동하였다는 증거를 얻었음
⑧ 1920년 7월 11일 오학수(吳學洙) 사건이 일어났는데 오학수 등 12명은 이륭양행에 숨어 있었고 권총·폭탄·화약 제조기 및 원료도 계림환에 실어서 가져와 이륭양행에 숨겨 두었다.

 이상과 같이 탐지한 일제의 경찰은 마침 국내에 들어온 조지 쇼를 신의주에서 체포하였다. 그 후 이것은 영국과 일본 정부 간에 외교 문제로 번져 그해 11월 19일 보석되었고, 1924년 3월 7일에는 공소가 취소되었다.

 그는 보석 기간중에도 독립운동을 적극 지원하였다. 당시 안동 영사관 경찰의 기록을 보면 11월 19일 보석된 후 다시 안동 교통사무국을 이륭양행에 설치케 하여 편의를 제공하며 독립운동을 지원했는데 이륭양행에 고용되어 있던 김문규(金文奎)가 1922년 8월 8일에 독립운동자로서 검거되자 조지 쇼도 지원을 중지하지 않으면 안 되었다고 한다.

 그것은 조지 쇼가 보석될 때 영국측이 그를 안동에서 떠나게 한다고 약속했기 때문이었다.

(2) 거류민단제의 실시

 1920년 3월 16일 국무원령 제2호로서 임시정부 거류민단제를 실시하였다.

 정부에서 거류민단제를 법령으로 제정할 때는, 해외

동포사회를 계획적이고 조직적인 통합을 할 필요가 있었기 때문이었으나, 각 지역 사회의 특수조건 때문에 실제로 임시정부 소재지인 상해 프랑스 조계에 재류하는 동포사회 이외에는 실현이 되지 않았고, 또 실현불가능하였다. 미주 지방에 재류하는 동포사회는 이미 오래전부터(1903년 이민 초기) 자치적인 단체가 조직되어, 대한인 국민회 등의 이름으로 그들 나름대로 자치생활을 영위해 오다가 임시정부가 수립되면서부터 같은 핏줄, 같은 민족애의 의식을 지닌 그들인지라, 이역만리 밖에서 몸으로는 이바지 못하나, 경제적으로 임시정부를 위하여 끝까지 큰 공헌을 하였다. 정부 산하의 거류민단 구실을 비교적 충실히 이행한 지역을 말한다면 명칭은 다를망정 하와이 군도와 미주대륙에 재류하는 동포 사회일 것이다.

남북 만주에 재류하는 백만 동포사회에는 허다한 단체가 있어서 각자 그들 나름대로의 목적의식 밑에서 사회 활동을 하고 일부 조직, 즉 임시정부 수립 초창기 북간도의 국민회며 서간도의 한족회 등 일종의 자치정부 형태를 가진 기관에서 임시정부에 추파를 던지고 빈번히 연락한 사실이 있으나, 그렇다고 임시정부 산하의 거류민단 구실을 한 것은 아니다.

〈거류민단제(1920년 3월 16일 발표)〉
　제1조　외국에 거류하는 민국 인민의 청원 또는 상
　　　　태에 의하여 내무총장이 광복사업에 필요로

인정할 때, 일정한 구역 내에 거류하는 민국 인민으로서 조직하는 거류민단을 설치함

제2조 거류민단은 법인으로 하여 관의 감독하에서 법령 또는 관례에 의하여, 거류민단에 속한 공공사무를 처리함

제3조 거류민단의 폐치(廢置) 또는 경제의 변경에 관한 사항은 내무총장이 정함

제4조 거류민단의 명칭 또는 사무소 위치를 변경하고자 할 때는 내무총장의 허가를 요함

제5조 거류민은 거류민단의 선거 및 피선거의 권리를 가지고 거류민단의 명예직을 담임하는 의무를 짐

제6조 거류민은 거류민단의 영조물(營造物)을 공유하는 권리를 가지며 거류민단의 부담을 분담하는 의무를 짐

제7조 거류민단은 거류민단 조례 및 규칙을 정함

제8조 거류민단에 의사회를 둠

제9조 의사회 의원은 거류민이 선거함. 의원의 정수는 다음과 같음

① 거류민 5백 인 미만의 거류민단 15인
② 거류민 5백 인 이상 1천 인 미만의 거류민단 20인
③ 거류민 1천 이상 2천 인 미만의 거류민단 25인
④ 거류민 2천 인 이상의 거류민단 30인

제10조 의사회의 조직, 의원 선거 및 임기에 관한
　　　　필요 사항은 거류민 조례로써 정함
　　　　(하략)

〈상해 거류민단〉

상해에는 거류민단제의 법령이 공포되기 전부터 대한인 거류민단이 조직되어서 동포사회의 자치기관으로 활동하고 있었다. 따라서 임시정부에서 1920년 3월 16일 거류민단제의 법령을 공포하였다는 것은 동포사회에 이미 존재한 자치기관을 합법화하고, 아울러 그 자치기관을 통하여 동포사회를 통할하려고 했던 의도에서 출발한 것으로 보아야 할 것이다.

때문에 만주와 미주에 대한 통할도 이미 존재한 동포사회의 자치기관을 그대로 임시정부 산하로 포섭하여 거류민단에 대신하려던 것인데, 이미 언급한 바 하와이와 미주대륙에 재류하는 동포사회에서는 명칭은 다를지언정 끝까지 임시정부의 하부조직인 거류민단적 구실을 충실히 이행하여 왔다. 그러나 재만 동포사회에서 초창기 단시일 간에 걸쳐서 임시정부의 하부조직인 거류민단적 구실을 한 단체로는 북간도의 국민회와 서간도의 한족회가 있었을 뿐이다. 광복군 사령부의 참리부가 임시정부 내무부의 직속기관으로 단시일 간 존재한 사실이 있었고, 임시정부의 육군 주만 참의부는 자치적인 기관의 성격은 희박하고 주로 무력투쟁에 전력을 기울였던 무장 독립운동기관으로서 유수한 조직이었으며,

그것도 형식만이 임시정부의 산하 기관이요, 결코 무력 항쟁이 임시정부의 지휘를 받아 취해진 것은 아니었다.

　상해의 대한인 거류민단은 처음에는 「교민친목회」라는 이름으로 상해에 거류하는 동포의 상호 우애를 두텁게 하는 것을 목적으로 조직되었다. 1919년 3월 3일 정안사로(靜安寺路) 중국 학생회관에서 고종황제의 봉도식을 거행할 때 고종황제의 독살설과 동경 유학생의 독립선언에 대한 소식, 그리고 국내의 3·1 운동에 대한 소식이 전해져 이날 모인 1백여 명은 감격하여 독립운동을 지원하는 단체조직을 만들기로 합의한 후 규칙 기초위원 10명을 선정하고, 3월 16일 같은 장소에서 교민친목회 회칙을 통과시키고 회장에 신헌민(申獻民)을 선출하였다. 당시 회원은 145명이며 입회비 1원, 월회비 20전으로 정하였다.

　그리고 의연금을 모집하니 40원이었다. 6월에 신헌민이 왜경에 체포되자 회장은 고일청(高一淸)이 계승하고 교회에서 관장하던 인성학교(仁成學校)를 친목회의 소관으로 옮겼다.

　9월 22일에 소집된 총회에서 명칭을 「대한인민단」이라 고쳐 단장에 여운형을 선출했다.

　1920년 1월 9일 총회에서 상해 대한거류민단이라 고치고 단장에 여운형, 총무에 선우혁, 감사에 김보연(金甫淵)·임재호(任在鎬)를 선출하였다. 그 뒤 교민친목회가 창립된 지 만 1주년이 되는 3월 16일, 임시 거류민단제를 임시정부 국무원령 제2호로서 공포하고, 4

월 20일부터 그 효력을 발생한다는 시행령이 내무부령 제1호로 발표되자 그 후 내무부의 감독을 받는 기관으로 전환하였다. 당시 상해를 6구로 나누었으며, 각 구에서 구장이 통신·납세 등 말단 사무를 관장하였다.

이때 거류민단에서 조사한 동포의 인구는 총 538명으로 다음과 같이 구분되어 있다(19세 이상 남자 367명 여자 91명, 19세 미만 남자 47명 여자 33명이었다).

그런데 상해는 독립운동자의 내왕이 빈번하던 곳이어서 인구의 변동이 극히 심할 수밖에 없었다. 더욱이 임시정부의 활동성 여하에 따라서 모였다가 헤어지는 사람이 많았던 것인데, 상해 재류 동포사회의 인구 변화는 거류민단의 의사원 수를 보면 대개 알 수 있다. 그것은 거류민단제 규정에 의하여 5백 인 미만일 때는 15명, 5백 인 이상 1천 인 미만일 때는 20명의 의사원을 선출키로 되어 있었기 때문이다(제9조).

1920년 전후하여 상해 동포사회의 정착 인구는 5백 명은 넘고, 1천 명은 못 되었다. 그런데 1920년 4월에 조사한 일본 경찰의 통계에는 7백 명으로 나타나 있다(조선총독부 경무국 〈재외 선인의 근황〉).

숫자상으로 1천 명 미만의 동포사회를 크게 다루는 것은 뻔한 사실이다. 우리들 혁명의 책원지로서 허다한 혁명객들의 내왕이 빈번하고 명의만이라도 최고 통수부인 임시정부의 소재지이기 때문이었으며, 그리고 임시정부 간판을 대행하기도 하였다.

상해에 거류하는 동포사회는 임시정부 요인을 중심으로 움직였기 때문에, 거류민단의 운영도 거의 임시정부 요인이 담당하고 있었으며, 거류민단의 의사원도 거의 임시정부 요인이 선출되었다. 그리하여 임시정부가 해외 동포에 대한 통할이 어렵던, 특히 1925년 이후에는 상해 거류민단 운영에만 국한되었던 때도 있었다.

거류민단의 활동 중 임시정부의 지방행정을 수행했던 점은 물론이지만, 때로는 정부의 일을 맡아서 수행한 경우도 없지 않았는데 거류민단 자체의 질서를 유지하기 위하여 의경대를 조직하여 활동하였던 것과, 학무위원회를 두어, 특히 인성학교(仁成學校)를 운영했던 것도 주목할 만하다.

임시정부가 직접 해외 동포를 통할하고 독립운동을 수행할 수 없었기 때문에 해외 동포사회의 각 지방에 통할 기구를 설치하여 독립운동을 효과적으로 수행하려던 제도는 타당한 방침으로 내외의 여건이 상해를 위시해서 하와이·미주 등 몇몇 지역에서는 효과를 내었으나 전반적으로는 유종의 미를 거두지 못하였다.

4. 대외관계

(1) 파리강화회의와 외교활동

3·1운동과 임시정부를 뒷받침한 것은 마침내 파리 강화회의에 대한 기대였다고 할 수 있는 만큼, 3·1운동 전후 국내외 각계 각층이 이에 대한 독립청원운동은 여러 갈래로 전개되었다.

첫째 여권문제로 실현은 되지 않았으나 미주에 있던 이승만·정한경(鄭漢景)·민찬호(閔瓚鎬) 등이 파리 강화회의로 간다고 선전되어, 여기에 자극을 받고 동경에 재류하는 젊은 학도들이 일으킨「2·8독립운동」이라든지(독립청원운동 겸행), 노령에 재류하는 동포사회에서 서둘러 파리 강화회의로 파견할 대표를 선정하기 위해서 북간도 재류 동포사회의 대표로 김약연(金躍然)·정재면(鄭載冕)·이중집(李仲執) 등이 참가하여 선출한 윤해(尹海)와 고창일(高昌一)이 파리에 도착한 사실이며, 유림(儒林) 대표 곽종석(郭鍾錫)·김복한(金福漢)·김창숙(金昌淑) 등 137명의 명의로 독립청원서를 파리 강화회의에 보낸 사실, 이 밖에도 한국 여학생의 이름으로 파리 강화회의로 한국독립을 승인하라는 요청서를 보낸 사실 등 다각적인 청원운동이 있었다.

본격적인 활동은 여운형 등이 서둘러서 상해에서 임

시정부 수립 이전 같은 해 2월초에 신한 청년당의 이름으로 파리로 간 김규식을 중심한 지사들의 외교활동이 가장 각광을 받았었고, 시기가 시기인만큼 명색이 연합국에 가담하였다고 해서 같은 식민지를 가지고 약소민족을 착취 억압하는 제국주의적 열강과 야합하여, 발언권을 가진 적 일본의 방해공작으로 우리 대표들의 활동이 당장 유종지미(有終之美)는 거두지 못하였으나 우리 조국에 대한 일본제국주의가 저질러 놓은 범죄의 진상을, 널리 국제 무대에 반영시켜 후일 조국이 광복되는 원인의 하나가 되게 하였다.

김규식 일행은 파리에 도착한 후 3·1운동의 소식을 들었고, 임시정부가 수립되어 4월 13일에 내외에 독립정부 수립을 선언하고, 김규식을 외무총장 겸 전권대사로 선임하고 신임장까지 발송하니 비로소 김 대표는 신한청년당의 대표로부터 일약 온 겨레의 운명을 걸머진 대한민국 임시정부의 전권 대사로 민족의 기대와 긍지를 지니고 활동을 전개하였다.

김규식이 파리 강화회의에 제출한 장문의 독립청원서는 먼저 일본이 한국 및 미국·영국·중국·노국 등 열강과 맺은 조약에 한국의 독립과 영토 보전을 인증 담보하여 놓고 이를 침범 파기했으니 열강은 간섭해야 함을 주장하고, 한국독립의 침해는 사기와 폭력으로 강행한 점과 그 통치의 잔학상을 폭로하고, 일본의 대륙정책이 미·영·불의 태평양 이권과의 관계를 논술한 다음, 3·1운동의 민족항쟁을 언급하였고, 임시정부의 조직을 소개하였다.

청원서 결미에는 1919년 4월 ×일 대한민국 임시정부의 명의 책임. 한국 국내 및 시베리아·하와이·합중국·멕시코에 있는 온 겨레의 대표 및 정의를 위하여, 러시아·독일의 단독강화전에 동부전선에 참가하였던 5천 명 한인의 명의, 대한민족과 국민을 통합한 대표 신한청년당 정식 대표 김규식 서명으로 되어 있었다.

이 파리 강화회의의 독립청원은 성공하지 못하였으나, 우리 대표단의 활약은 눈부신 것이었다. 우리 대표단은 김규식 외에 황기환(黃紀煥)·이관용(李灌鎔) 등인데, 미국인 헐버트(Hulbert)가 우리의 독립운동에 깊은 이해와 동정으로 많은 도움을 주었다. 이관용은 스위스 유학중인 것을 초청하였고, 황기환은 제1차세계대전에 미국 군대에 지원하여, 미국 대학생으로 구성된 소대의 대장으로 베를린을 점령할 때 최초로 입성한 사람으로, 전 주한 프랑스공사를 지낸 바 있는 외교관의 후원을 얻어 불문기관지를 펴냈으며, 파리주재 선전국장으로 1920년대에도 강연과 영화로 한국 사정과 일제의 잔인한 침략정치를 선전하였다.

또 상해에서 김탕(金湯)·조소앙·여운홍이 와서 힘을 모으니, 대표단이 강화되어 더욱 활기를 띠었다. 그리고 전술한 것처럼 윤해와 고창일은 소련에 재류하는 동포들의 대표적 조직인 국민의회를 대표하여 파리 강화회의로 향하였으나, 소련이 혁명으로 혼란스러워 소련 북쪽으로 돌아서 노르웨이·영국을 거쳐 파리에 도착한 것은 9월 26일이니 강화회의가 끝난 뒤였다.

결국 파리에서 활동한 것은 상해에서 파견한 대표단의 활약뿐이었는데 김규식은 미국의 국민회의에 요구하여 국민회로부터도 대표 위임장을 받았다. 김규식은 파리에 「한국 통신국(Bureau L'Imformation Coréen)」을 설치하고 4월 26일부터 유럽 각 신문에 독립운동의 정보를 제공하기 위하여 〈홍보(Circulaire)〉를 간행하여 한국의 정치와 독립운동을 선전하는 일에서부터 출발하였다.

한편 상해 임시정부에서 국무총리로, 그리고 소위 한성 정부에서 집정관총재로 선출된 이승만은 두 정부에서 모두 수반으로 선임되었기 때문에, 워싱턴에서 자의로 집정관 총재사무소를 설치하고, 대통령 직함을 가지고 외교적 활동을 개시하여, 미국 정부와 교섭하는 한편 파리에 주재한 김규식의 활동을 지원하고 있었다. 그리고 4월 14일부터 3일간 필라델피아에서는 서재필(徐載弼)을 중심으로 한인 자유대회가 열려 임시정부의 활동과 김규식의 파리 외교활동을 지원키로 하고, 「한국 통신국(Korenn Information Bureau)」을 설치하여, 특히 미국 정부와 미국인에게 한국의 입장을 이해시키는 데 온갖 노력을 경주하였다.

이처럼 임시정부 초창기의 외교는 파리 강화회의에 대한 활동에 집중되었는데, 5월 24일과 6월 11일에는 강화회의 의장 클레망소(George Clemenceau)에게 한국의 정당한 요구를 승인하도록 노력해 줄 것을 바라는 서한을 발송하였고, 6월 14일과 16일에는 윌슨 대통령에게 서한을 보냈다.

그런데 강화회의에서는 아무 반응도 없었다. 결국 강화회의 사무총장 두사타(Dussata)와 화이트(White)의 이름으로 한국문제는 세계대전 이전의 문제로서 강화회의에서 취급할 성질의 것이 아니니, 앞으로 국제연맹에 물어보라는 뜻의 회답을 보내왔다.

냉담한 회답이었다. 한국 대표단에게 발언할 기회도 주지 않았다. 그들로서는 그럴 수밖에 없었을 것이다. 개인적으로는 우리의 운동을 이해도 하고 동정심을 가졌다 해도 워낙 일본 제국주의와 비슷하게 약소민족을 무력으로 침략하여 식민지를 갖게 된 무리가 대부분이며, 그들의 본질이 진심으로 약육강식을 저주하고 부식소약(扶植小弱)을 염원하는 도의심을 소유한 자들이 아니므로, 그들의 동정과 그들의 처분을 기대한다는 것은 어리석은 태도라고밖에 할 수 없다.

뻔히 결과를 예측하면서도 먼 미래를 생각하여, 계몽사업의 하나라고 단념하고 활동하는 것이 타당하였을 것이다. 우리 나라가 망할 때에는 강도적 일제를 음으로 양으로 지원하던 자들이 아니었던가? 또 이번 3·1운동의 동기가 된 민족자결주의도 이것을 구실삼아 약소민족들이 각자 그들 나름대로 궐기한 계기를 삼은 것은 역사적 사실이나, 우리들이 가슴에 손을 얹고 좀더 깊이 생각한다면, 윌슨의 14개조 평화안이란 것에 포함된 민족문제는 동맹국측, 즉 패전한 독일·오스트리아·터키 등, 제국주의 국가에게 병탄되었던 약소민족들을 대상으로 한 것으로서, 코리언이라는 문자는 그 가운데서 찾아볼 수도 없었고, 그 이후에도 우리 지사들이 혹은 개인적 정실관계(이승만 등)로, 혹은 민족의 이름으로 탄원호소·메시지 등 각양각색으로, 종종의 추파를 윌슨이 군림한 백악관에 보냈으나, 부질없었다.

만분의 일도 못 되는 전승국 국민 중에는 우리의 사업을 원조도 하고 이해와 동정심으로 대하는 사람도 있었으나, 이는 주로 종교인들 중에서 찾아볼 수 있을 정도였다.

파리 강화회의를 기대하고 파견되었던 대표단이 설치한 「파리 통신국」에서 작성한 소책자 ≪유럽의 우리 사업≫에 다음과 같은 구절이 있다.

'윌슨의 14개조를 기초로 한 평화회의는 유야무야의 사이에 소멸되고, 다만 유럽의 전쟁 당국간의 승패문제만 해결함을 주장하게 된 평화회의는 한국민의 요구를 여하간 동정한다 하더라도, 폴란드나 체코슬로바키아와 같이, 전국민이 움직여 독일·오스트리아와 싸우지 아니한 이상은 더 거론의 재료될 기회를 얻기 어려우므로, 2천만의 혈성으로 기대하던 바요, 동시에 세계평화의 일대 요건인 한국문제도 묵묵 리에 일단락을 고한다.'

그해 12월에 발표한 김규식 대표의 보고서의 요지는 다음과 같다.

'①……한일합방의 폐지와 국가 주권 승인을 요구하였

으나, 평화회의에서 공식 회답이 없었다.
② 평화회의에서 승전국의 이권 다툼으로 평화 원칙 같은 것은 논의도 안 되어 한국문제가 상정되더라도 유럽의 약소국 문제처럼 처리될 희망은 없었다.
③ 각국 대표 중에 한국문제를 동정하는 사람은 많았으나, 승전국의 하나인 일본의 반대가 심하여 공식으로 토의할 수가 없었다.
④ 한국문제가 평화회의에서 토의되지는 못하여도 선전효과는 컸다.'

이와 같이 강화회의에서는 한국문제에 대한 토의도 없었고, 한국 대표단에게 충분한 회답도 없이 6월 28일 대독(對獨) 강화조약을 체결하였다.

이에 앞서 6월 27일에는 대한민국 대통령의 명의로 강화조약에 대하여 대한민국 국민은 하등의 책임을 질 일이 없다고 하는 무책임한 선고서를 강화회의 서기국에 제출하였고, 이승만은 파리에 있던 윌슨 대통령에게 비슷한 내용의 전보를 보냈다. 그리고 어느 것도 강화회의의 종막을 막을 수는 없었다.

그러나 김규식은 꾸준한 외교활동을 전개하여 6월 30일에는 미국 대표단에게 7월 28일에는 프랑스 동양 정치연구회와 프랑스 정치연구회에서, 7월 31일에는 거듭 동양 정치 연구회에서 한국문제에 대한 설명회와 연설회를 개최하여 많은 성과를 거두었다.

그 뒤 8월 8일 김규식은 김탕·여운홍을 대동하고 미국을 향해 떠나 파리 위원부의 활동은 이관용·황기환이 주관하게 되었다.

　강화회의에 대처한 외교활동은 기대했던 것에 비하면 실망이 컸으나, 그것은 예측한 바이며 우리 민족의 입장과 일본 제국주의의 행패가 어떠하다는 것은 크게 선전이 되었다고 할 수 있었다. 대부분의 서양인에게는 은둔국 한국이 강탈당하고도 상응하는, 국민적 반항다운 반항운동도 못 일으키는 연약한 민족으로밖에 보이지 않다가, 한민족이 3·1운동을 계기로 궐기하는 것을 보고, 비로소 혁명적 소질과 강인한 민족성을 지닌 민족으로 인정하게 되었다.

　같은 해 10월에 이관용이 스위스로 돌아갔기 때문에 황기환이 파리 위원 부위원장을 대리하여 프랑스·영국 등 국제회의를 상대로 외교활동을 주관하였다.

　1920년 11월호에 국제연맹에 대한 기사(Pour Société Des nations)를 싣고, 소신을 발표하였으며, 같은 해 10월 12일 이탈리아의 밀라노에서 열린 국제연맹 옹호회의에 윤해·이관용이 참가 활동하였는데, 그 결과 1921년 6월 10일 옹호회의가 다시 제네바에서 열렸을 때 한국문제가 정식으로 토의되어 각국 대표의 관심을 끌었다.

〈국제 사회당대회〉

　1919년 7월부터 제네바에서 25개국 대표가 모여 열렸는데, 파리 위원부에서는 8월 4일 조소앙·이관용을 대표로 파견하여 활동케 한 바, 8월 9일 다음과 같은 결의안을 통과시키는 데 성공하였다.
① 본 회에서 한국 독립문제를 승인할 일
② 본 회로부터 대표를 파견하여 동아 정세를 조사케 할 일
③ 본 회에서 동서로 연락하고 혁명을 촉진케 할 일

이 회의가 끝난 뒤 네덜란드의 암스테르담에서 국제사회당 집행위원회가 10개국 대표가 참석한 가운데 열렸는데, 조소앙이 여기에 참석하여 각국 대표가 스위스에서 가결한 한국독립 승인문제를 본국 국회에 제안하여 통과토록 한다는 결의를 채택케 하였고, 따라서 브뤼셀에 있던 국제 사회당 본부에서는 이듬해 4월 대한민국 정부의 성립과 대한민국이 독립국임을 승인하도록 국제연맹과 열강에게 요구하게 되었는데, 상해의 〈독립신문〉은 이 사실을 4월 6일 호외로 크게 알렸다.

사회당대회에 참석했던 조소앙은 네덜란드를 거쳐 영국·덴마크·단치히 자유시·발트 등지를 경유, 소련을 돌면서 외교활동을 전개한 후 1921년 12월에 상해로 돌아왔다.

1920년 1월 4일 국제평화 촉진회 주체로 열린 프랑스에 있는 중국의 각 사회단체 연합대회에서는 윤해·고창일의 환영회를 열고, 1910년 합법조약의 취소와 한국독립 결의안을 통과시켰다.

1920년 1월 8일에는 프랑스 인권옹호회와 같이 한국 및 중국문제 대연설회가 열려 파리대학 샬레(Challayl) 교수, 중국인 사동발(謝東發), 무테(Mautèt) 하

원의원이 한국 실정을 소개하여 성과를 거두었다.

이와 같이 파리 위원부의 활약으로 한국문제에 어둡던 유럽 사람들에게 큰 관심과 동정을 불러일으켜 임시정부의 선전 외교에 크게 공헌하였다.

〈영국에서의 외교활동〉

영국에서 외교활동이 본격적으로 전개된 것은 1920년 10월 3일 파리의 위원부 서기장 황기환이 런던 주재 외교위원으로 임명된 뒤부터이다.

황기환의 활동 외에도 조소앙이 영국 하원의원을 상대로 교섭을 전개하였으며, 임시정부에서 1921년 7월 13일로 만기가 되는 영일동맹을 더이상 연장하지 말도록 교섭하였다(그해 6월 20일). 그러나 정부간의 교섭은 별 반응이 없었다. 그런데 민간외교에서 큰 성과를 거둘 수 있었던 것은 런던의 〈데일리 메일(Daily Mail)〉지의 기자로, 1904년 후 두 번이나 우리 나라를 다녀 간 매켄지(F. MacKenzie)와 그레이브스(J.W. Graves)의 도움으로 우리 나라의 실정을 널리 선전할 기회를 만들 수 있었다. 매켄지는 일찍이 ≪한국의 비극(The Tragedy of Korea, 1908)≫이란 책을 저술하여 읽는 사람들에게 큰 감동을 주었고, 우리 민족 자신이 못하였던 당시 참상을 서술하여 우리 역사의 한 토막을 이어 준 공헌도 크다고 할 수 있다.

그레이브스는 국제사회 봉사회를 통하여, 한국에서 기독교가 박해를 받고 있던 실정과 일본의 행패를 사실

그대로 폭로하여, 일본 제국주의자들의 거짓 역설만을 듣고 편견을 가지고 있던 영국인을 깨우치는 데 적지 않은 공헌을 했다. 또 매켄지는 앞에 쓴 ≪한국의 비극≫을 다시 정리하고, 또 3·1운동의 양상을 첨가하여 ≪자유를 위한 한국의 투쟁(Korean's Fight for Freedom)≫을 저술하여, 미국 및 영국에 널리 보급시킴으로써 외국인의 한국에 대한 이해를 크게 높였다.

한편 영국 하원에서는 1919년 7월과 1920년 4월 및 8월에 헤이데이(Heyday) 그룬디(Grundy) 의원을 중심으로 한국문제가 토의되기도 하였다.

이와 같이 한국에 대한 영국 내의 여론이 유리하게 전개되는 것을 포착한 황기환은 매켄지와 협의하여 1920년 10월 26일 대영제국 한국 친우회를 결성하게 되었다.

한국 친우회는 영국 하원 의사당 6호실에서 결성하게 되었는데 국회의원 17명, 에든버러(Edinburgh) 대학학장 등 학자 6명, 신문기자 4명, 교회 목사 9명, 귀족 3명 등 모두 62명이 모여 결성했다.

이날 로버트 뉴맨(Robert Newman) 의원이 의장으로서 회의를 주관하였고, 매켄지가 한국에서의 일본의 만행을 소개하고 규탄하는 긴 연설을 한 다음, 존 워드(John Word)가 제안한 것을 크리포드(Creeford) 박사가 대독하고, 다음과 같은 결의안을 채택하였다.

① 한국 내 사회·정치·경제·종교에 대한 현황을

널리 선전할 것
② 한국인을 위하여 정의와 자유의 회복을 지원할 것
③ 한국의 신앙의 자유를 옹호할 것
④ 한국에서 정치와 종교적으로 박해받은 사람, 과부와 고아를 구제할 것

이날 회의에서 한국 친우회 역원을 선출하였는데 회장에는 로버트 뉴맨, 명예 서기는 윌리엄(William), 명예 회계는 하이스롭(Highsrop), 간사로 존 워드·매켄지 등 7명을 선출하였다.

이상과 같이 유럽에서의 외교활동은 1919년 강화회의가 파리에서 열리게 되자 파리를 중심으로 외교활동이 전개되다가 1920년 후기부터 그 중심지는 런던으로 옮겨 갔다.

1921년 태평양회의 관계로 황기환이 미국으로 건너간 후 꾸준히 한국의 독립운동을 지원해 주던 매켄지도 〈시카고 데일리 뉴스(Chicago Daily News)〉지로 옮겨 미국으로 건너갔다. 영국에서의 활동은 전만큼 활발치는 못하였으나, 황기환이 뉴욕과 런던을 왕래하면서 외교활동을 전개하다가 1923년 4월 18일 심장병으로 사망하자 유럽에 대한 외교도 시들해졌다.

(2) 구미위원부와 대미 외교

처음에는 이승만이 집정관총재의 자격으로, 1919년 9월에 이미 8월 25일 설치한 한국위원회를 구미위원부

로 개칭하였다. 이 무렵 상해에서는 정부가 개조(통합)되고 이승만이 대통령으로 선출되니, 구미위원부의 조직도 강화되어 기왕에 있던 한국통신부(필라델피아)와 파리 위원부를 흡수하고 명실상부한 구미 각지의 외교를 담당하는 기관으로 발전시켰다.

그런데 구미위원부의 권한과 직무는 외교에 관한 것뿐만 아니라 구미에서 임시정부의 사무를 대행하도록 되었다. 직무와 권한의 내용은 다음과 같다.

① 집정관총재는 적임자 3인을 자택하여서 구미위원부를 조직함
② 구미위원부의 직무는 구미 각지에서 실행할 정부행정을 대행함
③ 구미위원부는 미주에서 출납되는 정부의 재정을 관리함
④ 구미위원부는 필요할 때마다 예산안을 정부에 제출하여, 미주에서 정부에 바치는 의연금, 공제금 기타 세납들의 일체 재정을 수납하여 위원부 명의로 은행에 예치함
⑤ 재정출납의 일체의 행사는 반드시 집정관총재의 승낙을 얻어야 이행함
⑥ 구미위원부의 위원장과 위원의 선택은 위원부의 공천을 받아서 집정관총재가 임명함
⑦ 구미위원부 위원의 임기와 출척은 집정관총재가 자의 처단함

⑧ 집정관총재는 직권상 책임으로 위원부 사업을 지도함

 이와 같이 구미위원부는 임시정부의 대행기관이며 대통령의 직속기관이다. 임시정부의 대행기관이면서 정부 내 어느 부처의 감독도 받지 않는 기관인데, 그것은 의정원에서 만들어진 것이 아니라, 당초의 집정관총재 자격으로 이승만이 만들었다는 점에 주의해야 되고, 그렇게 되었기 때문에 미주 동포사회에서도 많은 물의가 있었다.
 이승만에 대해서는 각자에 평이 다양하나, 오인의 주관으로 그를 평한다면 공도 있고 죄과도 크다고 할 수 있다.
 1905년 러일 전쟁의 결과, 교전국 쌍방이 강화 담판을 벌일 무렵 일본에 유리하도록 노력한 루스벨트(Roosevelt) 대통령을 비롯하여, 1905년 7월 태프트(Taft)·가쓰라(桂) 비밀협정이 증명하듯이 미국은 전통적으로 친일정책을 취하였으며, 당초에는 일본의 한국 침략을 지원하였었다. 그리고 민족자결주의를 제창한 윌슨 대통령도 기대와는 달리 우리 독립운동에 냉담하였다. 파리 강화회의에 조국의 자유를 위해서 출국하려던 이승만·정한경·민찬호 등의 여행권조차 내주지 않았다. 이러한 미국 사회에서 민간 외교를 계몽적으로 전개하면서, 대다수 미국 국민에게 우리 독립운동을 이해하게 하여 정치인·종교인 등 많은 지성인들이 각기 그들 나름대로 우리들 독립운동을 지지하게 된 데 대하여 서는 이승만의 노력도 크다고 할 수 있으나, 반면에 그 의 측근들의 해명에도 불구하고 그는 본의든 본의가 아 니든 간에 몇 가지 과오를 범하였다. 위임통치를 요청 한 사실이라든지 동족끼리 불화를 일으키게 한 사실 등 허다한 과오를 범하였다. 그에 대한 성토문의 말미에는 각계 각층 인사의 명단이 실려 있다.

(3) 성토문

우리 2천만 형제 자매에게 향하여 이승만·정한경 등 대미 위임통치 청원과 매국 매족의 청원을 제출한 사실을 들어 그 죄를 성토한다.

이승만 등의 그 청원 제출은 4252(1919)년 3월경 우리 나라 독립운동 발발과 동시라. 세계대전이 종결되 자 평화회의가 개설되며 따라서 민족자결의 성랑(聲浪) 이 높았도다. 이에 각 민족이 자유대로 ① 고유한 독립 을 잃은 민족은 다시 그 독립을 회복하며 ② 갑(甲)국 의 소유로 을(乙)국에 빼앗겼던 토지는 다시 갑국으로 돌리며 ③ 양 강국간 피차 쟁탈되는 지방은 그 지방 거 류민의 의사에 의하여 통치의 주권을 자택(自擇)하게 하며 ④ 오직 독일·오스트리아·터키의 각 식민지는 그 주국(主國)이 난수(亂首)인 책벌로 이를 몰수하여 협약국에 위임 통치한 바 되었다. 이상 2, 3항에 민족 자결 문제에 의하여 유럽 내의 수십 개의 독립국과 새 로 변경된 몇 개 지방이 있는 이외에 실행되지 못한 곳이 더 많거니와, 당초에는 각 강국들도 다 그와 같이 떠들었으며, 허다한 망국 민족들은 이같이 되기를 믿었도다.

5천 년 독립의 고국으로 무리한 야만국의 병탄을 받아, 10년 혈전을 계속하여, 온 우리 조선도 이 사조에 응하여 더욱 분발할 때 내지는 물론이요, 중령의 조선인도 독립을 부르짖으며 노령의 조선인도 독립을 부르짖으며, 미령의 조선인도 독립을 부르짖으며, 일본 동경의 조선 유학생도 독립을 부르짖으니, 더욱 미령의 동포들은 국민회의 주동으로 각처가 향응하여, 노동소득의 피땀으로 모은 돈을 거두어 평화회의에 조선 독립 문제를 제출하기 위하여 대표를 뽑아 파리에 보내려 할 때 이승만과 정한경 등이 뽑힌 바 되어 출발하려다가 여행권을 얻기 어려워 중도에서 체류할 때 그들이 합병 10년 동안 남의 식민지 된 통한을 잊었던가, 독립을 위하여 칼 끝에, 총탄에, 그리고 악형에 쓰러진 선충 선열이 계심을 몰랐던가, 조선을 자고로 독립국이 아닌 줄로 생각하였던가.

거연히 위임통치 청원서, 즉 조선이 미국 식민지로 되어지이다 하는 요구를 미국정부에 제출하여 매국 매족의 행위를 감행하였도다.

독립이란 곳에서 뒤로 물러섰던 매국적 이완용이 되거나, 합방론자의 송병준이 되거나, 자치운동자의 민원식이 되어 나라를 그르치는 요물이 발작하리니 독립의 큰 목표를 위하여 이승만과 정한경을 성토하지 않을 수 없으며, 방관자의 안중에는 조선이 이미 멸망하였다 할지라도, 조선인의 심중에는 영원 독립의 조선이 있어, 일본뿐 아니라 곧 세계 어느 나라를 물론하고 우리 조선에 향하여 무례를 가하거든 칼로나, 총으로나, 아니면 적수공권으로라도 혈전함이 조선민족의 정신이라. 만일 이 정신이 없이 친일하는 자나, 미국에 친미하는 자나 영국에 친영하는 자나, 친로하는 자는 영국이나 러시아에 노예되기를 원한다는 것이니 조선민족은 세세생생(世世生生) 노예의 한길에서 윤회(輪廻)되리니, 독립정신을 위하여 이승만·정한경 등을 주토(誅討) 매장(埋葬) 아니할 수 없다.

우리의 전도는 전국 2천만의 요구가 독립뿐이란 피와 눈물의 절규로, 안으로는 동포의 성력(誠力)을 단합하며 밖으로는 열국의 동정을 박득(博得)함에 있거늘, 이제 위임통치의 사론(邪論)을 용허하면 기로(岐路)를 열어 동포를 미혹케 할 뿐 아니라, 또 골계(滑稽) 모순으로써 외국인에게 보이게 되어 조선민족의 진의가 어디 있는가를 회의하게 함이니, 독립운동의 전도를 위하여 이승만·정한경을 주토(誅討) 아니할 수 없도다.

위임통치 청원에 대하여 재미 국민회 중앙총회장 안창호는 동의든지 묵인이든지 2회의 주간자로서 이승만·정한경을 대표로 보내어 그 청원을 올렸으니, 그 죄책도 또한 용서할 수 없다. 상해 의정원이 소위 임시정부를 조직할 때에 벌써 전파된 위임통치 청원 운운의 설을 이승만 등과 사감 있는 자의 말만 들어 냈다 하여,

철저하게 사핵(査劾)하지 않고 이승만을 국무총리로 추정한 것도 천만의 경거이거니와, 제2차 소위 각원을 개조할 때에는 환하게 그 청원의 제출이 사실됨을 알았는데 마침내 이승만을 대통령으로 선거한 죄는 더 중대하다. 또한 특파대사 김규식이 구주로부터 돌아와 '조선과 같이 독립운동을 하면서 어찌하여 위임통치 청원자 이승만을 대통령에 임명하였느냐' 하는 각국 인사의 반문에 아무 답변할 말이 없었다 하여 만방에 웃음거리가 된 실상을 전하거늘, 그래도 이승만은 존대하겠다 하여 그 범죄의 탄핵은 없으며 그 청원을 취소시킬 의사도 없이, 오직 옹호의 획책에 열중하는 의정원이나 각원이란 자 그 누구 누구들의 심리를 알지 못하겠도다.

혹은 말하기를 이승만의 위임통치 청원은 자치 운동의 민원식(閔元植)과 같이 철저한 주장이 아니요, 다만 그때의 일시 미오(迷誤)인고로 이승만도 지금에는 이 일을 옳다고 자처함이 아니니, 구태여 추죄(追罪)할 것이 없다 하나, 그럴진대 그들이 즉시 미국 정부를 향하여 그 청원의 취소를 성명하고, 국민에 향하여 망동한 죄를 사과하여 만분의 일이라도 속죄의 길을 구함이 옳거늘, 이제 대중의 주목을 불구하고 엄연히 상해로 와서 소위 대통령의 명의로 여론을 농락하려 하니, 이는 화심(禍心)을 품은 역적이 아니면 구차용록(苟且庸錄)의 비부(鄙夫)라. 역적이나 비부를 가차(假借)하여 국민의 명예를 오욕하면 또한 가통하지 아니한가.

당초에는 그 청원의 제출 여부, 접수 여부가 모두 모

호 암매의 중에 있으므로 본인 등도 의려(疑慮)만 품었을 뿐이요, 나아가 주토할 거사를 실현치 못하였더니, 오늘 와서는 사실의 전부가 폭로되어 우리 국민이 다시는 용인하지 못하겠도다. 여기서 이승만 등의 죄상을 선포하여 후래자를 위하여 응징의 의를 밝히며, 미국 정부를 향하여 2천만을 대표하였다 운운하던 이승만·정한경 등의 무백(誣白)이니, 그 청원은 곧 이승만·정한경 등 한두 사람의 자작이요, 우리 국민의 관지할 바 아니라 하여, 그 청원의 무효를 성명하기로 결의하고 이상의 성명문을 발하여 원근의 동성으로 전도의 공제(共濟)를 바라노라.

단기4254(1921)년 4월 19일

강문경(姜文卿)·고광인(高光寅)·기 운(奇 雲)
김주병(金周炳)·김세준(金世埈)·김재희(金在禧)
김원봉(金元鳳)·김창숙(金昌淑)·김맹여(金孟汝)
김대호(金大浩)·김 갑(金 甲)·김세상(金世相)
김병식(金炳植)·김 탁(金 鐸)·김창근(金昌根)
김자언(金子言)·남공선(南公善)·도 경(都 經)
이대근(李大根)·이성파(李聲波)·이극로(李克魯)
이강준(李康埈)·이 춘(李 春)·이 기(李 起)
임대주(林大柱)·박건병(朴健秉)·박용각(朴容珏)
박기중(朴基重)·방한태(方漢泰)·배달무(裵達武)
배 환(裵 煥)·서백양(徐白羊)·서왈보(徐曰甫)
손학해(孫學海)·송 호(宋 虎)·신채호(申采浩)

신달모(申達模)·안여반(安如磐)·오기찬(吳基燦)
오성륜(吳成崙)·윤대제(尹大濟)·장원성(張元城)
장건상(張建相)·전홍승(全鴻陞)·정인교(鄭寅敎)
조　준(趙　俊)·조진원(趙鎭元)·조　정(趙　鼎)
주　철(朱　哲)·최용덕(崔用德)·최　묵(崔　默)
최윤명(崔允明)·하　학(河　鶴)·한　흥(韓　興)

〈미국에서의 반응〉

　미국에서의 외교활동을 중심한 대미 외교활동은 당초 윌슨의 민족자결주의에 기대를 걸고 미국 행정부에 총력을 집중하였으나 모두 부질없는 노력이 되고 말았다.
　앞서 서술한 바 미국 당국의 역대 정치인 중에는 루즈벨트 이래 친일적인 경향을 가진 자가 상당수에 달했고, 윌슨 대통령도 우리의 기대에는 어긋났다. 본질적으로 사고방식과 근본적 철학관·도덕관이 다른 그들이 입으로만 부르는, 정의니 박애니 하는 것을 그대로 믿고, 그들에게 애원을 하고, 나아가서는 그들에게 국가를 떠맡기려는 위임통치 청원까지 하였다고 하니, 근본 이유야 어찌 됐든 용인할 수 없는 행위였다.

(4) 대소 외교의 특수성

　당시 소련은 볼셰비키 혁명을 치르는 동안 과도기였으므로 임시정부와 외교 관계에는 다른 나라와의 경우에서 찾아볼 수 없는 특수한 관계에 있었다.
　으레 3·1운동은 윌슨의 민족자결주의 때문에 일어

났다고 단정하는 사람들이 많으나 이것은 지나친 단정이다. 그릇에 괴는 물도 최후의 한 방울로 넘치는 것과 마찬가지로, 우리 민족 가슴 속에 쌓이고 쌓인 원한이 기회만 있으면 언젠가는 폭발하지 않을 수 없게 되었었다. 그래서 고종황제가 적의 음모로 독살됐다는 소문이 퍼지고, 세계적으로 자극될 만한 시대적 물결이 닥쳐오자, 실제로 소련의 10월 혁명의 영향은 우리 민족 레지스탕스 운동에 막대한 자극제가 되고 큰 영향력을 미쳤다. 그러므로 대한민국 임시정부 수립 초창기에는 소련 정부와의 외교관계가 예상외로 빨리 성립되었다. 그 이유는,

① 임시정부에 공산당 세력이 크게 관여하고 있었던 것
② 초기에는 임시정부 지도층이 대개 소련 혁명에 큰 관심을 가지고 있었고, 소련에서 활동하는 무장 독립군이 모두 신당과 협력하여 침입한 일본군의 지원을 받고 있는 반혁명 세력(백계 러시아인)과 싸운 것
③ 파리 강화회의와 미국 등 서방국가에 대하여 실망하자 반사적으로 더욱 소련에 접근하려 한 것

이와 같은 요인으로 임시정부와 소련 당국과는 빠른 시일에 다각적으로 관계를 밀접하게 성립시키게 되었던 것이다. 또 순치(脣齒) 관계에 있는 중국의 손문(孫文)

이 연아용공(聯俄容共) 정책을 써서, 보로딘 같은 소련이 파견한 대표가 중국 국민당의 고문으로 있으면서 중국 국민혁명을 위하여 맹활동을 전개하고 있을 정도로, 당면의 적 일제와 반동 군벌에 대한 국민당과 공산당이 혼연일체가 되어서 싸우고 있었으므로, 이러한 내외의 여건 밑에서 당시에는 임시정부와 소련 정부와의 관계가 지극히 밀접하였고 희망적이었다. 러시아의 레닌 정부가 다액의 독립 원조자금을 보낸 예를 보아도 당시의 편린을 알 수 있는 것이다.

또 임시정부가 형식이나마 통합정부로서, 등장할 무렵에도 러시아에 재류하는 동포사회에서 조직된 국민의회가 임정에 통합되어 이동휘는 그 대표적으로 임시정부의 국무총리가 된 것이다. 당시에는 임시정부의 고위층이며 혁명영수급 되는 인물로서 직접 간접으로 공산당과 관계 아니한 인물이 없다고 하여도 과언이 아닐 정도로, 소련의 혁명 풍조는 우리 독립전선을 휩쓸었던 것이다.

후일 많은 사람들이 당시의 실정을 왜곡되게 표현하여, 우리의 독립운동이 침체되고 분열된 것은 모두 공산당 때문인 것처럼 외치고 있으나 여기에는 진심으로 민족을 위하고 인민의 자유 행복을 위해서라기보다, 자기 개인의 처세 수단으로 시국에 편승하여, 바람부는 대로 어제는 친일파, 오늘은 매일 애국주의, 종전에는 공산당으로 자처, 현재는 맹렬한 반공 운동자로 탈바꿈하는 부류들의 작희라고 볼 수밖에 없다.

〈레닌 정권의 약소민족에 대한 정책〉

 제2인터내셔널이 주로 구미(歐美)를 중심으로 조직하였던 것과는 달리, 제3인터내셔널은 아시아 및 세계의 기타 지역에 조직을 확대하였던 것인데, 동시에 레닌 정부는 피압박 민족 해방운동에 지대한 관심을 가졌다.

 이동휘가 임시정부의 국무총리로 취임하기 위하여, 그의 심복 김립(金立)과 사위 오영선(吳永善)을 대동하고, 1919년 8월 30일 상해에 도착하였다. 모스크바에 파견한 박진순(朴鎭淳) 등의 3인 사절단이 돌아오기도 전에 이동휘가 상해로 떠나가고, 김립은 국무원 비서장이 되었다.

 레닌 정부가 지불한 독립 원조자금 문제는 그 전말이 다음과 같다.

 1919년 10월 안창호·여운형·이동휘·이동녕·이시영·신규식 등 임시정부 요인들이 회합하여 임시정부의 사절단을 모스크바로 파견하기로 회의하고, 그 대표 인원으로 여운형·안공근·한형권(韓馨權) 등 3인을 선출하였다. 이것은 레닌 정권에 원조를 요청하려는 의도였다. 당시 안공근은 시베리아에 있었으므로 그도 상해로 와서 다음해 1월에 3인이 같이 떠나기로 되어 있었으나, 한형권이 어느새 혼자 떠나 버렸다. 한형권은 이동휘의 권위 밑에서 공사간에 유력한 배후 활동가로 알려져 있었다. 한은 여운형·안공근과 더불어 임시정부의 3인 사절단으로 선출되었음에도 불구하고 단독으로 떠나 버린 것이다. 그 이유는 이동휘가 박진순에게 두 통의 서류를 휴대케 하며 모스크바로 보낸 사실이 있는데 상해 임시정부의 실정을 말하였고, 여운형이나 안공근은 이동휘의 당과는 아무런 관계도 없었다. 여운형은 독립운동계에 명성 높은 인물로서 모스크바 당국에 어느 정도 알려져 있기 때문에, 이동휘의 입장에서 볼 때 여운형과 레닌 정권 사이에 접촉을 환영하지 않는 것이 본심이었다.

모스크바에 도착한 한형권은 레닌 정부에 신임장을 제출하고 임시정부 대표로 행세하였다.

이동휘는 코뮌테른 앞으로 이론에 밝은 박진순을, 그리고 레닌 정권 앞으로 정사에 능한 한형권을 보내 모스크바의 신임과 원조를 확보하기 위한 공작을 한 것이다.

박진순과 한형권 양인 중 누가 자금 교섭을 했으며, 또 인수했는가에 관해서는 두 가지 주장이 있다. 즉 장본인 박진순 또는 한형권이라고 한다.

다음 ≪백범일지(白凡逸志)≫에 의하면,

'한이 레닌을 만났을 때, 레닌은 한에게 독립운동을 위하여 얼마나 자금이 필요하냐고 물으니 한은 성급하게 2백만 루블(당시 일화와 상등)이라고 대답했다. 이때 레닌은 웃으면서, 일본을 몰아내는데 단돈 2백만 루블이면 되오? 라고 반문했다. 한은 대답하기를 본국과 미국에 있는 동포로부터 독립운동 자금을 모금중이라고 했다. 이때 레닌은 모든 인민이 그들 자신의 일을 한다는 것은 당연하다고 응답했다. 레닌은 외교인민 위원에게 8백만 루블을 지불하라고 지시했다.'

다음 당시 이동휘의 당 대표로 참가한 이래 재정부 일을 맡아 본 경력을 가진 김철수(金錣洙)의 증언에 의하면,

'한형권이 임정사절로 모스크바에 파견되어, 미리 모스크바에 가 있던 박진순의 안내로 레닌을 방문하였던바, 누워 있던 레닌은 한형권으로부터 차관요청을 받고 즉석에서 우리 정부에는 차관 형식이 없다고 하면서 외교인민위원 치체린에게 전화를 걸어 무엇인가 지시를 한 다음 그리로 가보라고 했다. 박진순과 동행하여 치체린을 방문하니 치체린은 금괴 8개를 내놓으면서 이것은 한국 상해 임정에 보내는 우리 정부의 지원 2백만 루블 중에서 6십만 루블이라고 내어 주기에 한형권이 영수하였다. 6십만 루블 중 2십만 루블은 모스크바에 맡겨 두고 우선 4십만 루블을 상해로 운반하였는데, 모스크바에서 치타까지는 한형권·박진순이 운반하였고, 내몽고를 경유하여 상해까지는 이태준(李泰俊)과 조응순(趙應順)이 중임을 수행하였다. 이태준은 김규식의 매제로서 일찍이 외몽고 쿠룬(庫倫)에서 의업을 경영하였었고, 조응순은 열혈의 공산당원이었다. 상해로 운반해 온 모스크바 자금은 광범한 사람들에게 독립운동의 공작금으로 뿌려졌는데, 제일 많이 사용한 사람은 아마 약산 김원봉(若山 金元鳳)으로 기억한다. 모스크바 자금의 수원(受援)을 극력 반대한 사람은 도산 안창호였다.'고 운운.

〈재로(在露) 고려혁명군대 연혁〉에 의하면,

김립이 고려공산당 대표로 선정되어 모스크바로 파견되기 직전의 그의 생활에 대하여서도 언급되어 있다.

즉 이동휘가 이승만의 위임통치를 성토하고 위해위(威海衛)에 퇴거한 것은 상해 임시정부를 자기 당파의 건물로 인수하려는 계획이니, 전후 모계가 동 비서장 김립의 계책이다. 그 증거는 위해위에 있는 이동휘에게로 가는 김립의 서신을 상해정부에서 압수한 결과 발견되어 동시에 김은 상해 임시정부에 대하여 전후 모책을 자복한 뒤 부득이 이동휘로 하여금 이승만에 대한 성토를 취소케 하고 다시 취임시키니, 금번 취임은 야심적 국무총리가 아니라 속죄상 국무총리가 되었다. 그러므로 김립은 이상의 죄목으로 비서장을 면직당하였다. 이때 이동휘는, 국무총리의 권한이 미치지 못하여, 수족과 같은 김립을 상해 거리를 떠도는 방랑객이 되게 하였다고 하였다.

이동휘는 '한국을 일시 미국의 위임통치령으로 할 것'을 제의했다는 이승만의 망동을 규탄하면서, 이승만이 대통령으로 있는 정부에서는 일할 수 없다고 하여 사임했는데, 이것은 친미파를 밀어내고 이동휘 일파가 임시정부를 독점하려던 계략에서 나온 것이었으며, 이 계략은 김립이 꾸몄다는 것이다. 이것이 발로되어 김립은 국무원 비서장에서 면직되고, 이동휘는 국무총리직에 되돌아올 것을 설복받아 재취임했다는 것이다. 바로 그러한 시기에 이한영(李漢榮)이 다소의 자금을 코민테른으로부터 얻어 상해에 돌아왔다. 그리하여 고려공산당을 조직하고 그 경과를 코뮌테른에 보고하기 위하여 '거리의 방랑객'이 된 김립을 당 대표로 선정, 모스크바로 파견했는데 도중에서 한형권·박진순 등과 만나게 되었다는 것이다(재로 혁명군대 연혁에서).

자금을 지출하는 크레믈린 당국의 속셈이 어느 당파의 발전을 위하였거나, 정치적 별다른 의도를 가진 데서거나, 방대한 자금을 내주는 마당에서 레닌이 조선인민의 해방을 위한 원조자금이라고 명언하였으니 문자 그대로 받아들여 일본 제국주의를 저주하는 자라면 먼저 감사하게 생각해야 할 것이다. 문제는 그 자금이 효과적으로 쓰여졌나 하는 일이다. 자금 용도의 결과가 좋지 못하다면 이것도 모두 거기에 관련된 사람들의 자각이 모자란 소치일 것이며, 이 문제를 기화로 삼아 정치적·사상적으로 노선이 다른 상대를 모함하고 공격하는 구실로 삼는 것은 옳지 못한 처사인데도, 강적 일본 제국주의와 대결한다는 사명을 망각하고 동포끼리 물고 뜯고 싸우는 데 소모한 비중이 훨씬 더 크다고 할 수 있었다.

(5) 대중 외교

당시 중국은 신해혁명(辛亥革命) 후 아직도 국민혁명의 전도가 요원하여 내전(內戰)이 그칠 날이 없었다.

각 지방은 군웅할거(群雄割據) 시대로 대상할 만한 정권을 찾아볼 수 없었고, 일시적으로 광동 한모퉁이로

쫓겨 갔으나, 손문이 이끄는 호법(護法) 정부가 논리상으로도 정통의 정부이며, 모든 점에서 신뢰를 걸 수 있는 정부였다. 그리하여 1921년 10월 임시정부는 국무회의 결의로 국무총리 겸 외무총장인 신규식을 방광(訪廣) 특사로 파견하여, 국서를 휴대하고 중화민국 호법(護法) 정부에 대하여, 대한민국 임시정부를 승인토록 협상케 하였다. 정부 조직 이래 정식으로 특사를 파견하여 우방을 방문한 것은 이것이 최초다. 한중 혁명 사상에 있어서도 극히 기념할 만한 일대 거사였다.

신규식은 민필호를 수행비서로 대동하고 10월 26일 애산(涯山) 부두에서 프랑스 우편선 「에스 스나일(S. Sniel)」에 승선하여 장도에 올랐다. 28일 홍콩에 내려서 친분이 있는 당계요(唐繼堯) 장군을 방문하여 대한민국 임시정부가 수립된 전말과 혁명과업의 실정을 설명하고, 일본 세력에 포위되어 사실상 중국 인민을 대표할 만한 존재가 못 되는 북경 정부에 기대를 걸 수 없으므로 지금 다행히 광동에서 건설된 호법 정부의 집정자 손문 대총통을 예방하고, 국서를 전하려는 절차와 호법 정부가 정식으로 대한민국 임시정부를 승인토록 교섭할 사명을 띠고 왔다는 것을 설명하였다.

당계요는 이상의 설명을 듣고 크게 찬의를 표현한 다음 말하기를,

"대단히 부끄러운 말씀이나 우리 나라(중국)가 공화국을 건설하여, 이미 10년이나 되는데 이 동안 정객(政客)은 매국적 행동을 자행하고, 군벌이 할거하며 내란

이 빈번하여, 병화가 그칠 날이 없어, 다시 국가 민족을 위급존망의 경지에 빠뜨렸습니다. 이번 다행히 손 대총통이 호법 정부를 조직하여 민족의 전도에서 빛을 나타냈으나 북양 군벌을 철저히 타도하고, 이 혼란한 중국을 통일하려면 유혈 분투를 거듭하여야 할 것입니다. 귀국 독립운동에 대해서 우리들은 평소에 진실로 동정하는데, 다만 헛되이 빈말만 하고 지금까지 아무 구체적이고 실질적 원조가 없었던 것을 대단히 부끄럽게 생각하는 바입니다."

하였다. 그는 계속하여 말했다.

"한국 인민은 망국지민이 아니니, 반드시 조만간 구제가 있을 것이오. 금후 제가 운남(雲南)에 돌아가면 한국을 위하여 최소한 2개 사단의 군관 인재를 양성하여 귀국 혁명을 원조할 것을 맹세합니다. 경제 방면에 있어서 다액은 힘에 부치나 중불은행 예금문제가 해결되면 10만 원은 찬조해 드리겠습니다."

신규식은 후의를 지극히 감사하게 생각하고, 바라건대 조속한 시일 내에 운남에 돌아가게 되기를 바란다고 하였다.

(그 뒤 당계요는 운남에 돌아가서 독군(督軍)으로 복직하여 이상의 약속을 실천하였다. 대한민국 임시정부의 증명서를 소지한 모든 학생은 전부 그가 경영하는 군관학교에 수용되었고, 전후 졸업생이 무려 50여 명에 달하였다.)

10월 29일 하오 3시 30분 신규식 일행은 광동에 도착하여 장항(長項)에 있는 대동(大東) 호텔에 투숙하여 그동안의 일을 임시정부에 타전하고 대총통 관무와 각 부회 및 친지를 방문하였다.

이와 전후하여 대본영의 호서장(胡書長) 겸 총참의 호한민(胡漢民:展堂), 대리원장 서겸(徐謙:秀龍), 내정부 부장 여천민(呂天民:老伊), 외교부장 오정방(伍廷芳), 차장 오조추(伍朝樞), 총통부 비서장 사지(謝持), 재정부장 요중개(寥仲凱), 참의원 의장 임삼(林森), 총통부 선전국장 곽복초(郭復初:泰祺), 군정부 차장 정송운(程頌雲:程潛), 내무부 비서 유백천(劉白泉) 및 유노은(劉蘆隱)·허여위(許汝爲)·전동(田桐) 등을 방문할 계획인데 이들은 모두 신규식의 지난날 동지였다.

총통부 내에서는 신규식이 왔다는 말을 듣고 열렬한 동정을 하지 않는 자가 없었다. 특히 호한민은 다음과 같은 요지를 발언하였다.

"한중 양국은 역사상 손과 발 같은 정의로 형제적 우애가 있었으며, 지리상으로 논하면 이와 입술과 같이 서로 의지하는 밀접한 관계가 있어 슬픔과 기쁨을 같이 하였으니, 어려운 문제를 서로 도와야 한다. 뜻밖에 중화민국이 성립된 이래 20년 사이에 원세개(袁世凱)는 제왕이라고 칭하고 장훈(張勳)은 복벽(復辟) 운동을 하여 군벌이 할거하니 내란은 빈번하여 국가에 평안한 날이 없으며, 국민은 생활이 안정되지 못하여 국가와 민족의 존망이 실로 위기에 직면하게 되었다. 그러므로 한국 광복운동에 대하여서 지금까지 아무 구체적 원조를 못했음은 마음 아픈 일이고, 부끄러움을 참을 수가 없다. 이번 예관 선생이 멀리 우리 호법 정부를 찾아온 후정은 지극히 감명 깊은 바로, 나는 반드시 높은 뜻을 손 총통에게 전하고 시간을 정하여 정식 회견하게 할 것을 약속하며, 한중 양국의 국시에 대하여 가장 좋은 방법을 상의코자 한다."

이날밤 서계룡(徐季龍)·여천민·유백천이 계속 찾아와서 시국과 한국 원조문제를 토론하였다. 다음날 광동 각 신문에는 '한국 특사 신규식 씨가 내광(來廣)하여 우리 당국과의 협상이 매우 융화하였으며, 공동은 모두 기뻐 경축한다'라는 기사가 보도되었다.

11월 3일 날씨는 온화하였다. 예관 일행이 비상 총통부로 달려가서 명함을 전하니, 호한민이 마중나왔다. 예관에게 말하기를,

"선생은 본래 다년간 동지로서 이번 손 대총통을 회견하니, 원래 형식적 예의는 필요치 않으나 선생이 오신 것은 국민의 자격이니, 국제 관례에 의하여 먼저 외교부에서 절차를 밟으시오."
라고 말하였다.

예관은 그 말을 옳게 여기고 호한민의 안내로 외빈 응접실로 들어갔다. 잠시 후에 외교부장 오정방 박사가 차장 오조추를 대동하고 들어와서, 일일이 악수를 하고 자리에 앉았다. 주객이 서로 인사를 나눈 뒤에 원수 및 정부 각원의 안부를 묻고 담화 중에 전령이 와서 손 대총통이 예관 일행의 회견을 기다린다는 것이었다. 호한

민을 따라 대총통 관저를 향하였는데 건물에는 회랑이 있어서 구불구불 커브의 묘미를 다하여 공사가 정밀하고 깨끗했다. 들어보니 청나라의 용제광(龍濟光)이 건축한 것이라고 한다. 10분 정도 걸어가자 비로소 낭도(廊道)를 나서 한 누각이 있고 누각 밖에는 울창한 녹음이 별경을 이루었다.

황색 중산복(中山服)을 입은 손 총통의 고결한 인품과 관후한 기상은 보는 이로 하여금 자연히 우러르게 하였다. 그는 스스로 마중 나와 내빈을 고대하고 있었다. 손 총통은 국빈의 예로써 측근들을 배석하고 정중히 예관을 맞았다. 주객이 정중한 인사를 서로 나눈 뒤에 대총통에게 국서를 봉정하였다. 총통은 호한민과 함께 보았는데 그 내용은 다음과 같다.

제1조 대한민국 임시정부는 호법 정부를 중국 정통의 정부로 승인함. 아울러 그 원수와 국권을 존중함
제2조 대중화민국 호법 정부가 대한민국 임시정부를 승인할 것을 요청함
제3조 한국 학생의 중화민국 군관학교에 수용을 허가해 줄 것을 요청함
제4조 차관 5백만 원을 요청함
제5조 조차지대(租借地帶)를 허가하여서 한국독립군 양성에 도움이 되게 하기를 요청함

총통은 다 읽고서, 잠시 침묵하더니 온건한 태도로,

"한·중 양국은 동문 동종으로 본래 형제의 나라이고, 오랜 역사 관계가 있어서 보차(輔車)가 상의(相倚)하고 순차가 상의하여 잠시도 분류할 수 없으니, 마치 서방의 미·영과도 같습니다. 한국 독립운동에 대하여 중국은 마땅히 원조할 의무가 있음은 말씀할 것조차 없습니다. 다만 만청 정부를 전복하고 공화국을 건립한 이래 군벌과 정객이 자기의 사복만 알고, 공화가 무엇인지를 알지 못하고 전심 각투하여 날로 녹리(祿利)의 싸움만 일삼아 내가 창조한 건국정신을 위반하고, 인민을 수화 속에 빠뜨려 국가 민족을 다시 위급존망에 직면케 하였으니, 생각하면 참으로 통탄을 금할 수 없습니다. 그러므로 중국이 멸망을 구제하고 생존을 도모하지 않는다면 그만이겠지만, 그렇지 않게 된다면 강력한 혁명 정부가 없어서는 아니 되겠습니다. 호법 정부 탄생의 원인은 여기에 있습니다만은 목하 북벌 작전이 아직 성공하지 못하고, 국가가 아직 통일되지 못하여 겨우 광동 한성의 역량을 가지고는 한국독립운동을 원조하기가 실로 곤란합니다. 그러므로 귀 정부의 제4·5조의 요구에 관하여서는 현재 아직 불가능하니 북벌군이 무한(武漢) 3진을 점령한 뒤에라야 비로소 가능할까 합니다. 또 제2조 한국 임시정부 승인건에 관하여서는 원칙상으로 문제가 아닙니다. 중국에 망명하여 계속 노력 분투하는 귀 임시정부에 대하여 우리 호법 정부는 마땅히 심심한 동정을 표하고 승인을 가하여야 하겠지요. 사실은 우리 호법 정부는 지금까지 아직 타국의 승인을 얻지 못하였습니다. (미소를 띠면서) 몇 년 전부터 나는 한국문제에 대하여 종시 특별한 주의를 하여 왔습니다. 그러므로 이번 태평양회의에 출석하는 대표에게 나는 이렇게 말하였습니다.

'소위 21개조 동삼성 문제의 주요성은 마관조약(馬關條約)에 비교가 되지 못한다. 대저 일본이 약소민족을 침략하고 동아 화평을 파괴함은 실은 제멋대로 마관조약을 성립시키고 한국의 독립을 유린하기에 시작된 것이다. 그러므로 열국이 만일 마관조약이 평등하고 합리적인 조약이 아니라고 불승인을 한다면, 여러 가지의 부수조약은 모두 무효로 돌아갈 것이다.'

그런데 소위 범태평양회의는 인사를 하는 데에 지나지 못하는 것이니, 우리로서 국제 분규에 대하여 무슨 돕는 바가 되겠습니까? 그리고 귀 정부의 제3조의 요구도 또한 조금도 문제가 없습니다. 우리들은 원래부터 한국 자체가 군사교육을 많이 받아, 한국의 군사 인재가 배양될 것을 매우 희망하고 있습니다. 이 일은 내가 원안(原案)대로 결재하여, 각군 학교에 귀국 자제를 전부 수용하여야 한다는 명령을 전달하겠습니다. 조차지를 가지고 군사를 훈련시켜 혁명의 근거지로 삼는 데 대하여는, 나는 북방이 가장 적당하다고 인정합니다만은 목하의 호법 정부의 역량으로는 아직 화북에까지 도달치 못하고 있으니, 헛되이 공언만 하여서는 아무 이익이 없겠지요. 설사 연병을 할 적당한 지대가 있다고

하여도 강력한 정부의 보호가 없으면 모든 일을 진행할 방법이 없을 것입니다. 요컨대 일체의 실력 원조는 북벌계획이 완성됨을 기다린 뒤에, 시기가 오면 전력으로 한국 독립운동을 원조하겠습니다. 나의 말에 대하여 선생은 혹시 우원(迂遠)하다고 생각하시겠지만 그러나 이것은 진심에서 우러나온 말씀입니다."

예관은 손 총통의 의견을 들은 뒤에 감사의 뜻을 보이고 다시 많은 지시를 하여 주시니 더욱 감사하다는 뜻을 표하고 물러나왔다.

다음날 광동 각 신문에는 전날 손 대총통이 사의(私宜)를 가지고, 한국특사 신규식을 접견하였다는 기사가 크게 실렸다.

그 뒤 예관은 상해로 돌아와, 박찬익을 임시정부 주광(駐廣) 대표로 정하고 호법 정부에 상주시키게 하였다.

제2장 국민대표회와 변질되는 임시정부

1. 정부수립 후의 가장 큰 시련

(1) 지도자들의 태도

이미 서술한 바 일제의 탄압과 국제정세의 동향으로 임시정부의 입장이 불리해지는 가운데 내부적으로도 많은 문제점을 내포하고 있었다.

악착스런 지방열, 사상적 대립과 편견 때문에 일제에 대한 투쟁보다 동족끼리 싸우는 데 정력을 소모하는 비중이 훨씬 크다고 할 수 있다. 위로는 대통령을 비롯하여, 아래로 경무원에 이르기까지 피차급 없는 치자급만이 모여들이 논쟁을 거듭하는 것인데, 아직 촌토척지도 회복지 못하고 서로 시기 질투, 모략 중상, 십인십지(十人十志), 사분오열. 임시정부라는 위대한 간판 밑에서 애국지사의 탈을 쓴 무리들이 부지불식간에 독립운동의 임시정부 내부에까지 기생하여 빗나간 정치극을 반복케 하는 것이었다.

임시정부 내부의 문제는 사실 임시정부 수립 후에 생겨난 것이 아니라 지난날 이미 재미(在美) 동포사회에서 시작된 것이다. 외교를 주로 하고 직접 행동을 가볍게 여기는 이승만과 독립전쟁을 강조하던 박용만, 실력양성을 강조하던 안창호로 구분되던 시기가 있었는데 이와 같은 의견의 차이는 재경 동포사회에서 시일이 경과하는 동안 분파의 원인이 되었다. 이러한 파당 싸움은 임시정부 수립 후에도 영향을 미쳐 그 위에 평안파·기호파의 대립이 겹쳐 파쟁이 격화하기에 이르렀다. 상해에서 지방별 파쟁은 원래 평안·함경·기호 지방의 대립으로 나타나 있었는데, 이동휘를 중심으로 한 함경도 인사는 이동휘가 물러난 후 뒤이어 물러났고, 경상도·전라도·강원도 출신은 임시정부에 관여한 중진급 인사가 적었다. 아무튼 지방별로 무위하게 벌인 파쟁은 임시정부 활동을 더욱 쇠퇴시킨 중요한 원인이기도 했으니 한심한 일이었다.

임시정부 외무총장으로 선임된 박용만이 취임하지 않았던 것은 미국에 있던 당시부터 이승만과 법정 투쟁 및 난투극까지 벌인 감정 대립이 주된 이유였고, 그 다음의 이유는 군무총장을 결정하지 아니한 것이었다. 그 뒤에 박용만은 독립운동자의 손에 목숨을 잃었으나, 지난날 하와이에서 대조선 국민군을 조직하여 무력으로 행패한 일본 제국주의의 침략군을 무력으로 대결하려고 준비에 서둘렀던 것은 정당한 행위였다. 그리고 이동휘가 이승만 때문에 국무총리 취임을 1919년 11월 3일까지 연장한 것은 표면상 위임통치를 주장한 이승만과 함께 일할 수 없다는 이유로 밝혔으며, 또 당시 한인사회당 당수로서 정략적 계산도 포함되어 있었다. 그리고 신채호 등의 민족지도자가 임시정부를 떠난 가장 중요한 이유는 이승만의 위임통치 제안 때문이었던 것으로 그는 제1회 의정원 때 이승만의 대통령 선출을 정면으로 반대했었다.

안창호는 실력 양성을 주장하여, 장기적 방법으로 강구하여야 한다고 생각했기 때문에 1921년 5월 국민대표회 소집을 제창하는 연설에서 이렇게 말했다.

"……과거 운동의 결과가 무엇인가 하면 그 만세 소리로 적이 쫓겨 가기를 바람도 아니요, 다소의 착탄과 국부적 전투로 적을 능히 구축하리라 함도 아니요, 그 결과 우리 국민의 독립의 충현과 자유의 정신을 밝게 발표하여, 첫째 우리 국민 전체가 통일하게 독립할 의지가 있다 함을 알려 주고, 또한 크게 독립운동할 약속을 이루게 된 것이요, 둘째 세계 연방으로 하여금 우리 민족의 의사와 용기를 알게 함이요,……"

이와 같은 생각은 직접 행동을 혁명적 최선의 수단이라고 믿는 혁명 투사와 상당한 차이가 있었다. 그는 외교와 군사 활동을 시인하면서도 실력 양성에 가장 주의를 기울이고 있었다. 그것은 흥사단 육성에서 단적으로 나타났다. 흥사단은 수양 단체요, 독립운동 단체는 아니다.

임시정부가 급속히 안정되지 못한 이유 중 하나는 임시정부 지도자가 사상적으로 방황하고 있었기 때문이다. 1920년대 전반기는 레닌 마르크스주의의 영향으로, 혁명적 이론에 빈곤한 지도자들이 중국 국민혁명의 지도자 손문의 사고방식과도 비슷한 연아용공(聯俄容共) 정책을 취하면서도, 갈피를 잡지 못하여 방황하던 시기였고, 후반기는 그나마도 활기를 잃고 다만 극소수의 인사가 임시정부의 법통이란 빈 간판만 가지고, 겨우 재경 동포들이 보내주는 약간의 의연금으로 현상을 유지하려고 몸부림치던 시기였다.

이 시기는 임시정부뿐만 아니라 독립전선 전반에 걸쳐서 침체기였다. 시베리아에서는 재류 동포가 대개 소련의 건설사업에 참가하고, 일부는 중앙아시아로 집단 이거하였으며, 남북만주의 운동은 1925년 소위 삼시조약(三矢條約) 등, 장작림(張作霖) 정권까지 본의 아닌 행동으로 일제에게 이용되어 우리 혁명 투사들을 잡아서 왜놈에게 넘겨 주는 행패를 자행하여 우리의 운동은 커다란 타격을 받게 되었다. 따라서 운동은 점차 지하로 전개되고, 모든 분야에서 레닌마르크스주의가 점차 헤게모니를 장악해 가게 되었다.

임시정부 수립 후 4, 5년 간은 외부적으로 받던 자극도 빈번하였고, 민족주의자들이 소련의 혁명 풍조에 대개 순응하는 경향이 짙었다. 그 대표적 예로서,

첫째, 이동휘는 본래부터 민족의 영도자로서 고려공산당의 전신이라 할 수 있는 한인 사회당의 당수이면서도 레닌마르크스주의로 이론 무장을 한 것은 아니었다.

둘째, 이광수는 임시정부의 기관지 독립신문의 주필로서 당시에는 민족진영의 이론가인데, 일본에서 학생 독립운동이 전개될 때에 「2·8독립선언문」을 작성한 가운데, 소련의 10월 혁명을 찬양하였다.

셋째, 〈독립신문〉의 논조도 레닌마르크스주의를 찬양

하였다.

넷째, 민족진영의 지도자 박은식의 저작인 ≪한국독립운동지혈사≫에도 소련의 10월혁명을 찬양하였다.

이와 같이 임시정부을 위시한 독립 전선에서 초창기에는 이구동성으로 소련의 10월혁명 풍조에 문자그대로 풍미되었으며, 민족진영의 지도자들도 동일한 보조를 취하다가, 1920년대 후반기부터 내외의 여건은 민족진영의 침체상태를 탈피하지 못하게 되었다. 앞서 지적한 바 냉한삼두(冷汗三斗) 우리 민족, 너나 할 것 없이 모두 반성하여야 한다. 무엇 때문에 강적을 대상으로 하면서 좁은 편견, 더러운 지방열 등 자상천답(自傷踐踏)으로 어두운 장면에서 헤매었던가?

(2) 국민대표회를 주장하는 각계의 동향

임시정부는 3·1운동을 계기로 온 겨레의 여망을 한 몸에 지니고 수립된 최고의 본당이었으나 처음부터 가담하지 않은 세력도 있었다. 예를 들면 시베리아 재류동포사회의 문창범·최재형과 미주에서 활동하다가 북경에 체류중인 박용만 등인데 이상 3인은 교통총장·재무총장·외무총장으로 추대되었으나 모두 취임하지 않았다. 그 중 최재형은 이듬해(1920년) 5월, 니콜리스크에서 일본 헌병에게 참살 순국하여, 더 거론할 여지도 없이 애석하게 겨레의 은인이며 소박한 지도자를 한 분 잃었다. 그리고 문창범과 박용만은 많은 여운을 남겼다.

정부수립 초창기에 겹쳐지는 시련 중에도 최고의 영도자로 맞이한(일부에서는 반대도 하였으나) 이승만의 위임통치 문제와(제1장 제4절 2항 참조) 구미 위원부 문제, 그리고 이동휘를 중심으로 한 소련의 자금문제 등이 내부적으로 소란했던 사건이었다. 이동휘를 중심으로 한 상해파 세력이 한형권·김립을 앞세운 소련의 운동자금 용도문제로 상해파가 추구를 받게 되자, 공산당 세력은 상해파를 이탈하여 이르크츠크파와 손잡은 여운형 등의 세력이 임시정부 주변에서 떠나지 않고 있었다.

소련의 자금으로 소란했던 때는 대통령이 상해에 체류하던 기간과 같다(1920년 12월 8일~1921년 5월 20일).

이동휘가 소련의 원조자금 문제로 상해 정계가 소란해지자, 국무총리직을 사임해 버리니 정계의 혼란은 심해졌고, 이렇게 어지러운 때 안창호·박은식은 국민대회를 추진하였다. 국민대회를 통하여 정국을 수습하려 한 것이다.

1920년 1월 5일부터 열린 국무회의에서 행정 결재권 문제, 행정제도의 변경문제를 논의하다가 아무 성과도 거두지 못하고 따라서 정국 수습안은 암초에 부딪쳤으며 한편 이승만은 현상유지책을 강조하니, 대통령에 대한 기대가 모두 어긋나 더욱 정국은 어지러워졌다.

여기서 국무총리 이동휘는 대통령이 시국 수습안 쇄신을 받아 주지 않는다는 이유로 1월 24일(1921년)

사직하면서 선포문을 냈다.

이러한 때에 안창호는 국민대회를 계획하였으며 박은식·원세훈 등도 국민대표회 소집을 제안하였다.

대통령도 이 어지러워진 정국을 수습할 자신이 없고, 또 그보다도 본의가 그렇든 위임통치문제의 장본인은 자기라는 것을 만천하가 다 아는 사실인데, 이 이상 어떠한 공격을 받게 될지도 모르므로 상해에 더 머무르고 싶은 심정도 없었을 것이다. 그도 사임할 의사를 표시했다가 번복하는 등 어지럽게 된 정국을 부채질하였고, 이와 같은 상황 속에서 안창호·김규식이 내각에서 물러나 버려 정국의 혼란은 걷잡을 수 없을 정도였다.

정부에서 물러난 안창호가 여운형·원세훈·김규식과 더불어 국민대표회 소집운동을 본격적으로 착수했을 때 이승만은 5월 20일 태평양회의 때문에 상해를 떠났다. 이것이 이승만 대통령으로서는 임시정부 소재지 상해를 떠난 마지막이 된다.

대통령은 상해를 떠나면서 신규식(申圭植)을 국무총리서리로 임명하여 행정부는 신규식 내각이 담당하게 되었다.

신규식 내각은 1922년 3월 2일 그의 시정방침도 발표하고 있어서, 표면상 정국이 안정된 것 같았으나 실제는 내각 총사퇴문제를 워싱턴과 협의하고 있었던 것이다. 그러나 신규식 내각이 태평양회의에 대한 외교를 수행했던 점은 정국의 불안 속에서 이루었던 공적이라 할 수 있다.

① 국민대표회의 출발 동기

국민대표회에 대한 논의가 제일 먼저 표면에 나타난 것은 1921년 2월 원세훈·박은식 등 13명이 〈우리 동포에게 고함〉이란 인쇄물을 상해에 반포하였는데 그 인쇄물의 내용에서 국민대표회의 소집을 제창하고 있던 것에서 비롯된다.

그러나 이것은 인쇄물을 통한 선전에 불과하였고, 조직적으로 추진한 것은 북경의 군사통일회가 국민대표회 소집을 추진하는 데서 출발했다. 그것은 1921년 4월의 일이다.

그리고 5월에는 만주에서 소위 액목현회의가 열려 국민대표회 소집을 추진하였고 이어 상해에서도 추진하니, 그것이 해외 동포사회에 파급되어 각처에서 동조하고 나섰다. 그리하여 국민대표회 주비회(籌備會)가 결성되어 1922년 5월 10일부터 본격적인 활동이 개시되었던 것이다.

이와 같이 국민대표회 문제는 상해와 북경과 만주에서 거의 비슷한 시기에 일어났다.

그리고 국민대표회를 요구하는 내용과 성격은 각처마다 차이가 있다고는 해도, 혹은 서로 배반된 의도가 있다고 해도, 전 민족이 서로 의사를 교환할 수 있는 광장을 마련해 보자는 점에서는 공통된 생각을 가지고 있었으니 거기에는 그럴 만한 이유가 있었다.

② **북경 군사통일회**

 북경은 이승만의 정치 노선에 반대하여 임시정부와 인연을 끊은 독립운동자가 집결해 있는 곳이었다. 그 대표적 인물이 이회영·박용만·신채호 같은 직접 행동을 혁명의 제일의적 최선의 수단이라 믿고 독립전쟁에 치중하는 인사들이 대부분이었다. 그리하여 1920년 9월에 신채호 등이 조직한 군사통일 촉성회는 만주의 독립군 단체를 통합하여 능률적인 독립전쟁을 수행한다는 것이었다. 그 목적을 실현키 위하여 두 사람의 대표를 선정하였는데 배달무(裵達武)는 남만주에, 남공선(南公善)은 북만주에 파견하여 각 단체와 교섭하도록 하였다.

 그리하여 1921년 5월 10일 북경에서 군사통일주비회를 열었다. 이때 모두 10개 단체가 참가했는데 그 중 만주에서는 북간도 국민회 대표 강 구만(姜九萬)과 서로 군정서 대표 송호(宋虎)뿐이고, 그 외에는 국내 단체 5개와, 미령 하와이 단체 2개와 노령 대한국민의회 대표 남공선인데 그는 북만주에 파견되었다가 북경으로 돌아온 사람이다.

 이 회의에서 처음에 만주와 시베리아의 독립전쟁에 대한 전략을 숙의한 다음, 독립전쟁을 통할하는 군사의 통일기관 설치문제를 협의했는데 그 기관을 임시정부 군무부 산하에 설치하느냐의 여부를 토의하다가 박용만을 지원하던 하와이 대표단에서 임시정부 산하에 설치하는 것을 반대하는 자료로 이승만의 위임통치 제안문제를 폭로하였다(제1장 4절 1항 중에 선출된 성토문

참조).

 그리하여 이승만을 불신임하게 되었고, 그것을 확대하여 임시정부 불신임을 만장일치로 결의하였다. 그리고 국민대표회 소집을 결성하였다. 이어서 국민대표회주비위원으로 박용만·신숙·박건병(朴健秉)·남공선·배달무를 선임하였다. 이를 선전하기 위하여 신채호를 주간으로 하여 〈대동(大同)〉이란 주간지를 발행하였다. 4월 27일에는 임시정부 당국에게 군사통일회 이름으로 임시정부 및 의정원을 불신임하고 무효를 선언한다는 통첩을 발송하였다.

 그리고 각처에 군사통일회의 결의문을 전달하는 한편 직접 상해에도 사람을 보내 결의문을 전달하였다.

 계속하여 5월 21일에는 발기인 김정묵(金正默)·신채호·박봉래(朴鳳來)와 3명의 연서로 〈통일촉진회 발기회 취지서〉를 작성하여 발표하였는데,

① 진정한 독립정신하에 통일적 광복운동을 한다
② 정부문제를 근본적으로 해결하고 시국을 수습한다
③ 군사 각 단체를 완전하게 통일해서 혈전을 꾀한다

는 내용인데 박용만을 중심으로 한 북경의 인사들은 오랫동안 누적된 이승만에 대한 감정을 폭발시키며 위임통치 문제를 내세워 국민대표회 소집을 제창하였는데 여기에는 국민대표회보다 임시정부의 해체에 초점이 있었기 때문에 각처의 반발도 불러일으켰다.

4월 27일 상해 임시의정원에 의정원을 3일 이내에 취소하라고 한 통첩문에 연명(連名)한 명단은 다음과 같다.

내지국민회 대표 박용만

미령 하와이국민군 대표 김천호(金天浩)·박승선(朴承善)

북간도국민회 대표 강구만

서간도군정서 대표 송호

내지광복단 대표 권경지(權敬止)

내지조선청년회 대표 이장호(李章浩)·이광동(李光東)

내지노동당 대표 김갑(金甲)

내지통일당 대표 신숙(申肅)

노령 대한국민의회 대표 남공선

하와이 독립단 대표 권승근(權承根)·김현구(金鉉九)·박건병

③ 정부 개조론의 대두

그 외에 또 5월(날짜 미상) 만주에서 여준(呂準:時堂)·김동삼·이진산(李震山)·곽문(郭文) 등의 연서로 윤기섭(尹琦燮)에게 다음과 같은 결의서를 보냈다.

〈내 용〉

취백 본인들은 시국에 대한 개탄과 고충과 갈망으로써 본월 26일 액목지방에서 때때로 비공식 회의에 의해 결의된 이유와 조건을 다음과 같이 결의했으므로 양

찰하시기 바람.

〈조　항〉

① 현재 간서(間西) 대의사를 소개하고 임시의정원에 대해 정부개조의 필요성을 제의할 것
② 위임통치를 청원한 사실이 확실한 이상, 그와 같은 행위를 주장한 자에게 퇴거를 명할 것(이승만 문제)
③ 의정원에 제출한 개조 의안이 채택되지 않을 때는 현임 간서(間西)의원을 소환함
④ 이상의 안이 결정되기 전에 본기관 대표의 명의로써 정부를 파괴하려는 제3단체의 참가를 허용하지 말 것
⑤ 양 방면에 대한 제의 또는 권고가 목표로 될 때, 간서는 간서 자체를 보강 자퇴할 것
⑥ 이상 조항의 실행을 희망하여 이진산을 특파하니, 자세한 조항 설명을 일체 특파원에게 들을 것

④ 국민대표회 주비(籌備)위원회 선언

전략(前略)　원근이 서로 응하고, 중외가 일치해서 이구동성으로 국민대표회의 필요성을 주창했던 바 작년 이래 미국·멕시코·하와이·상해·북경·서북간도 등 각지에서 점차 국민대표회 기성회가 성립되고 기타 개인 혹은 단체에서도 국민대표회의 실현을 갈망해 마지 않는 사실을 알게 되었다.

그래서 본 주비회는 시세와 추향과 민중의 요구에 응해 과거의 모든 분규, 착잡한 문제를 해결하고 미래의

완전 확실한 방침을 수립해서, 우리 독립운동을 재차 통일적·조직적으로 진행시킬 양대안(兩大案)으로서 국민대표와 소집 사항을 구비하는 책임을 지고 성립된 것이다.

그러나 본 주비회가 성립된 지 1년이 지났으나, 아직 대표회를 열지 못하고 있음은 주위 사정이 허락지 않음에 인한 것으로 실로 유감천만이라 하겠다.

1922년 5월 10일 국민대표회 주비위원회 위원

(3) 국민대표회와 여운형

앞에서 서술한 바 국민대표회 문제는 상해에서 제일 먼저 제기되었던 것인데 이 문제는 상해 정계에서 화제로 등장하였다. 그런데 국민대표회 소집은 안창호도 은밀히 추진하고 있었다. 그리고 당시 상해에 와 있던 이승만과 안창호 두 사람이 대립되어 있던 상황의 흔적이 보인다.

당시 안창호의 2월 8일과 10일 일기에서는 박은식·원세훈 등이 주장하는 국민대표회 운동에 대하여 김구를 비롯한 몇몇 인사가 비상 수단을 모색하자는 데 대하여 만류시킨 이야기가 발견된다. 당시 안창호의 일기에서는 국민대표회의 소집 가능성과 또 그 성격을 엿볼 수 있다. 그런데 안창호는 얼마 동안 공개하여 국민대표회 소집을 추진하지 않았다. 당시 안창호의 입장으로서는 복잡한 이유가 있었다. 그는 결국 국무위원을 사퇴하고 5월에야 비로소 국민대표회 소집을 강경하게 주장하고 나섰던 것이다. 안창호는 은밀히 국민대표회를 구상하고 있었으며, 이때 박은식·원세훈은 공개적으로 국민대회 개최를 역설하였다.

이에 대하여 임시정부 관계자 중에서 조완구(趙琬九)·윤기섭(尹琦燮) 등 45명은 즉각 반대 태도를 표명하면서 임시정부와 이승만 대통령을 옹호하는 성명을 발표하였고, 뒤이어 신규식·이시영 등은 협의회를 조직하여 임시정부 옹호를 호소하는 성명을 발표하기도 하였다. 그러나 4월에는 북경에서, 5월에는 만주에서 국민대표회 소집을 주장하기에 이르니 상해에서도 표면화되었다.

상해의 국민대표회 추진운동은 1921년 5월 12일 시국 강연회에서 안창호와 여운형이 국민대표회 소집을 주장한 데서 표면화되었다. 안창호·여운형의 추진운동은 급진전하여 19일에는 안창호가 국민대표회 소집을 주장하는 강연회를 다시 열어 구체적으로 추진하게 되었다. 이때 여운형을 대표로 한 국민대표회 기성회 촉성회가 조직되었고, 6월 6일에는 국민대표회 기성회가 안창호를 회장으로 제1회 총회가 열렸다.

이와 같이 상해에서 안창호를 중심으로 하여 국민대표회 추진운동이 급진전한 것은 북경과 특히 만주의 동포들이 국민대회를 강력히 주장한 데에 직접적인 이유가 있었다. 한편 임시정부 안에서 큰 변화를 일으키고 있었던 상황이 국민대표회 소집운동을 크게 촉진시켰다. 그것은 그해 5월에 대통령은 시국을 수습지 않고 미국으로 떠났으며, 이동휘도 완전히 임시정부를 떠났고, 안창호도 이승만과 대립관계의 화제를 남긴 채, 임시정부를 떠났다는 사실이다.

위의 세 사람은 모두 임시정부의 최고 지도자였으며, 당시까지의 임시정부는 이들 3인이 좌우하고 있었던 것이 사실이다. 이들이 서로 반목하여 각기 떠나가자, 임시정부가 위기에 봉착하였는데 이때 안창호는 민간인의 자격으로 여운형과 그밖에 자기를 지지하는 사람들과 같이 국민대회를 구상하여 추진하게 되었던 것이다. 당시 정부의 기관지였던 〈독립신문〉도 국민대표회 개최를 찬성하는 논조를 폈다는 사실은, 안창호의 영향력이 컸음을 말해준다.

그리하여 상해의 기성회는 북경측과 협의하면서 국민대표회로 발전하였다.

그런데 때마침 태평양회의가 열리게 되니(1921년 11월 11일~1922년 2월 6일), 그 결과를 기다리지 않을 수가 없어서 주비회의 활동은 잠시 멈추었다.

상해 기성회의 조직위원 명단은 다음과 같다.

여운형·김규식·이탁(李鐸)·서병호(徐炳浩)·김병조(金秉祚)·남형우(南亨祐)·송병조(宋秉祚)·최동오(崔東旿)·윤현진(尹顯振)·이영렬(李英烈)·도인권(都寅權)·김만겸(金萬謙)·김철(金澈)·나용균(羅容均)·양헌(梁憲)·이규홍(李圭洪)·한진교(韓鎭敎)·이원익(李元益)

그리고 이상의 조직위원회에서 선발한 국민대표회 주

비회 위원은 상해의 안창호·여운형·김규택(金圭澤), 북경의 박건병과 만주의 이진산(李震山) 등이다.

1921년에는 워싱턴의 태평양회의와 모스크바의 극동 인민대표대회(1922년 1월)를 관망하기 위하여 주비회가 성립되자마자 그 활동은 일단 중지되어 있었다.

1922년 1월에는 뉴욕에서 대한인 공동회가 열려 국민대표대회에 반대하는 성명이 발표된 사실도 있었다. 그런데 주비회의 활동은 태평양회의가 우리 민족 기대에 어긋나게 끝나자 본격적으로 시작되었다. 그리하여 남형우를 위원장으로 김철·원세훈·나용균·서병호의 실무진에 의하여 추진되었는데, 1922년 4월 이후의 추진 활동에 있어서는 주목할 만한 새로운 성격이 첨가된다.

① 여운형의 활약

즉 1229년 1월 모스크바에서 열린 극동 인민대표대회에 참석한 기회에 레닌과 회견하고 돌아온(1922년 4월 10일 귀한) 여운형은 상해 프랑스 조계 서병호(徐炳浩)의 집에서 김순애(金順愛:애국부인회회장)·김철(임시정부원)·김인전(金仁全:목사)·한진교(신한청년당)·주현배(朱賢培:의사) 등 기독교인만 모인 자리에서 세 시간에 걸쳐 귀한 보고를 하였다.

보고 중 민족 문제에 대한 모스크바 지도자들의 견해를 전달했을 때 일동은 대회의 결정대로 실행하는 것이 좋겠다고 하였다.

〈여운형의 소감〉
'나는 모스크바에서 레닌을 만났다. 그를 만나기까지 러시아가 한국에 공산주의를 그대로 선전하라는 것이 아니냐는 걱정도 하였는데 만나보니 나의 의심은 어느 정도 풀렸다. 그가 한국의 교통과 언어를 묻기에 교통은 자동차로 하루면 끝에서 끝까지 갈 수 있고 언어는 단일 민족어라 했더니 그가 한국은 옛날엔 문화가 발달한 나라였지만, 지금은 민도가 낮기 때문에 공산주의를 실천하는 것은 잘못이다. 우선 민족주의를 실천하는 것이 옳다고 하였다. 레닌의 주장은 내가 이전부터 가지고 있었던 주장과 완전히 부합되는 것이다.'

이것으로 보면 여운형의 모스크바 인상은 그리 나쁘지 않았던 것 같다.

한편 모스크바의 지도자들, 레닌을 비롯하여 트로츠키·지노비에프·사파로프·코론타이·카라한·유린·치체린 등등 광범위한 인물들과 접촉하였는데 그들은 여운형에게 커다란 촉망을 걸었던 것 같다. 여운형은 공산주의자로서가 아니라 동양의 지도자들 가운데서는 비교적 진보적이고 현명한 민족운동자로 보였던 모양이다. 민족·공산의 연합전선을 형성하는 데 없어서는 안될 인물로 보여졌다. 그리하여 여운형에게는 공산당에 대한 편애보다는 동양혁명의 현단계에 있어서의 반제국주의 민족통일전선에 관한 코민테른의 기대를 더 많이 강조한 것이다. 여운형은 여기서 자기의 사상과 합치되는 점을 발견하고 공명하게 된 것이다.

② 여운형의 연합전선 시도 실패

극동 인민대표대회에 참석한 한국측 대표는 모두 53명이었는데 그 중 상해에서만 10여 명이 참석하였고, 한국 대표단에 의해서 작성된 결의문에서 '한국의 대다수 주민이 수준 낮은 농민이니, 이들이 공명하는 민족독립운동을 전개하고 계급운동자는 이 운동을 지도해야 한다. 그리고 상해 임시정부는 명칭만 과대하고 실력이 이에 따르지 못하여 지금까지 유감된 일이 많으므로 개혁할 필요가 있다.'라고 말한 것을 보면, 극동인민대표대회 후 한국 공산주의 운동자의 사명이 무엇인가를 알 수 있다. 그러한 결의문의 내용을 제1차적으로 구체화한 것이 바로 민족연합전선 구축을 위한 국민대표회 추진운동으로 나타난 것이다.

이와 같이 1922년의 국민대표회 주비회의 활동은 그 성격이 질적으로 변화되어 있었다. 그러나 여운형이 1921년부터 국민대표회 추진에 적극 참여하고 있었으므로 표면상으로는 큰 변화가 없는 것처럼 보였다.

국민대표회 주비회는 마침내 1922년 5월 10일 소집선언서를 발표하고, 대표선거 구역과 단체 및 인원수를 책정하여 그해 9월 1일 개최한다고 각처에 통고하고 또 초청장을 발송하였다.

1922년 5월 10일 주비회의 선언서가 발표되는 것을 전후하여 각처에서 국민대표회 촉성회가 조직되었고, 이때 국무원은 총사퇴 위기에 놓여 국민대표회를 반대하고 있으면서도 공식발표 하나 못하고, 의정원에서는 국민대표회를 지원해 달라는 인민 청원안을 상정시켜 논란이 격심하더니, 4월 14일 회의에서 국민대표회를 지원한다는 인민 청원서를 통과시켰다.

당시 상해의 정계는 걷잡을 수 없이 복잡다단하였다. 국민대회 주비회 활동, 정부의 반대 태도와 기능 마비, 의정원의 문제점 등이 엇갈려 혼돈상태에 빠졌다.

행정부 각료는 노백린 외에 총사직서를 내고 있어서 활동 기능이 마비되었고, 의정원에서는 그해 3월 21일부터 5월 8일까지, 국민대표회 문제를 둘러싸고 「인민청원안」과 「법정연구회」 설치안으로 맞서 토의하더니, 5월 28일부터는 대통령 불신안을 비공개회의에서 가결시킨 후 워싱턴과 전보로 주고받으면서 논하다가, 6월 17일에는 공개회의에서 불신안을 가결하고 대통령과 맞서고 있었다.

이러한 판국이었으니 정부로서 국민대표회의의 소집 문제를 어떤 의미에서도 관여할 힘이 없었다. 이때 시사책진회가 생겼다. 한편 1922년 4월 10일 상해로 돌아온 여운형은 임시정부의 체질 개선과 민족 독립운동의 통일 강화를 모색하게 되었다. 극동인민대표대회의 한국 문제 결의에는 대한민국 임시정부의 개조에 언급하고 있다.

여운형의 활동이 모스크바의 결의를 염두에 두고 있었던 것은 부인할 것이 못 된다. 그러나 임시정부의 개조는 비단 모스크바의 정신 내지 여운형의 정신인 것만이 아니라, 당시의 한심한 내분상태를 개탄하는 인사로서는 누구나 공명할 수밖에 없었던 개념이었다.

그리하여 여운형은 이미 1년 전에 조직하였던 국민대표대회 주비위원회의 활동을 부활시켰다. 이 주비위원회는 고려공산당이 분열되어 상해파(이동휘) · 이르크츠크파(여운형 등)로 갈려 나가던 것과 때를 같이하여 민족공산파의 대립이 정면화되었을 때 발족되었던 것이다. 이때의 동 주비회는 상해의 안창호 · 여운형 · 김규택과 북경의 박건병 및 만주의 이진산 등 5인이었는데 슬로건은 독립운동의 통일, 임시정부의 개혁이었다.

자금문제와 반대파의 방해 때문에 이렇다 할 활동은 없었다. 그러한 가운데 국민대표대회 소집 반대 성명이 나오고(앞에서 서술), 1922년 4월 5일 제10차 의정원 회의는 국민대표대회의 개최문제를 둘러싸고 찬반 양론으로 갈라져 서로 분규를 일으켰던 것인데(여운형이 상해로 돌아오기 5일 전) 반대하는 의원의 대표적 인물은 윤기섭 · 장붕(張鵬)이고, 찬성하는 의원의 대표적 인물은 도인권(都寅權) · 신익희(申翼熙)였다.

또 이미 서술한 바 1922년 5월 10일 국민대표대회 주비위원회가 정식으로 발족하고 작년 5월부터 각지에 국민대표회가 조직되고, 독립운동의 통일 조직을 발기하여 1년이 경과하였음에도 불구하고, 아직 대회의 개최를 보지 못한 것은 심히 유감스러운 일이라는 성명을 발표하였다.

이에 대하여 같은 해 6월 1일자, 〈독립신문〉 제128호 사설은 〈우리 임시정부의 현재와 장래〉라는 제하에

국민 대표대회를 반대하는 정부의 태도를 천명하였다. 그 요지는,

'……(전략)…… 정부는 주체이고 국무원은 객체이다. 주체는 영구적이고 객체는 잠시적인 것이다. 정부 직원은 국민의 공복으로서 공이 있으면 반드시 그것을 상 주고 죄가 있으면 반드시 그것을 벌 준다. 주권이 국민 전체에 있으므로 실정자는 탄핵 출각시키고 오국자(誤國者)는 성토 삭직시켜야 한다. 그러나 일부 인사는 개인의 흠을 지적해 말하기를 모 각원은 위임통치를 외국에 대해 청원했으므로 정부를 부인하는 자라 말하고, 또 모 각원은 막대한 공금을 횡령해서 국가의 위신을 손괴했다고 해서 주객을 가리지 못하고 옥석구분(玉石俱焚)하고 있으므로 유언(流言)을 사기(四起)하고 의운(疑雲)은 편만(遍滿)해서 오늘 한두 각원의 실패를 가지고 정부를 부인하는 풍조는 그 극도에 달하고 있다. 어찌 개탄치 않을 수 있겠는가(하략).'

이리하여 국민대표대회 주비회의 활동은 다시금 좌절되고 말았다. 그러나 독립운동의 통일전선 형성과 그것을 모체로서의 임시정부의 체질 개조는 여전한 여망으로 남아 있었다.

③ 시사책진회

1922년 7월 여운형은 「시사책진회」를 조직하는 데 성공하였다. 여운형은 이 조직의 목적을 다음과 같이 말하고 있었다.

'시사책진회는 현하 상해에 있는 임시의정원, 국민대표 주비회에서 한형권의 모스크바 자금문제를 가지고 세론이 분분하여 시국은 전례 없이 분규, 착잡하고 우리의 독립운동은 정지상태에 빠지고 말았으므로 이 한심스러운 사태를 통분하는 동지들이 결합하여 각계 각층의 주장과 이익을 충분히 토의한 뒤 최선의 책을 강구할 목적으로 조직한 것이다.'

또한 도인권에 의하면,

'본회 회원은 의정원 의원, 임시정부의 직원, 국민대표대회 주비위원회 위원과 기타 독립운동 단체의 유력자들이 망라되어 있으므로, 본회에서 결의한 사항에 합심협력하면 우리의 독립운동 등은 통일될 것이다.'라고 하였다.

이 조직은 이른바 시국대책이었던 것이다. 이 조직에 가담한 51명의 명단은 아래와 같다.

안창호·김구·여운형·이동녕·홍진·노백린·원세훈·안정근·이탁·도인권·이시영·조소앙·윤기섭·김만겸·양기하·신숙·현순 등(그외는 하략)

이 모양은 국민대표회 추진인사 외에 정부측 인사가 가담해 있다는 점이 주목되나, 몇 번의 회의에서 어떤 문제를 구체적으로 해결할 수 있는 단체는 못 되었다.

여운형·김만겸·최창식·양헌(梁憲) 등의 고려공산당이 포함되어 있어서 민족·공산의 연합전선이라고도 할 수 있으나, 당시의 사태는 수치스럽게도 문치파, 무단파, 친로파, 친미파, 친중파, 만주파, 기호파, 서북파 등등의 파쟁이 가시지 않은 가운데 자유시 참변사건, 모스크바 자금문제 및 이동휘의 모스크바 진출과 이르크츠크파와의 정면 충돌 등의 여파에 쫓겨 통일의 기운이 조성되지 못하여 시사책진회에 기대했던 여망도 물거품으로 돌아가고 말았다. 그러나 민족통일전선에 대한 여운형 등의 이상주의는 좀처럼 꺾이지 않았다. 여운형은 국민대표대회와 시사책진회의 실패에도 좌절하지 않고, 노병회 조직을 서둘렀다.

(4) 국민대표회의 개최와 결렬

국민대표회는 1923년 1월 3일 상해에서 개최하여 그해 5월 15일, 회의 제63일에 결렬되었다. 1월 3일부터 예비회의가 62명의 참석자에 의하여 개최되었고, 본회의는 1월 31일 약 90명의 회원으로 시작되었는데 3월 5일 현재 1백24명이었다.

그리하여 3월 10일 이후는 대표자를 제한하고 있다.

예비회의 때는 안창호가 임시의장을 맡아 회의 진행에 대한 기본문제를 결정하고 본회의로 넘어갔는데 본회의에서는 김동삼이 의장에 선임되었고, 안창호와 윤해가 부의장에 선출되었다.

이것이 해외에서의 독립운동 집회로서는 가장 큰 규모의 모임이었고 임시정부가 겪은 가장 큰 시련이기도 하였다.

독립운동상 통일전선적 의미를 내포한 회의니만큼 본회의가 개최되던 광경은 비장한 모습이었다.

대표회의 의안은 같은 해 2월 2일의 회의에서 확정되었는데 다음과 같다.

① 선서 및 선언 ② 보고 ③ 시국문제 ④ 독립운동방침 ⑤ 생계 ⑥ 교육문제 ⑦ 노동문제 ⑧ 국호 및 연호 ⑨ 헌법 ⑩ 과거문제의 해결에서,

ㄱ. 위임통치 청원사건(이승만 등)
ㄴ. 자유시 사변
ㄷ. 4십만 원 소련의 원조자금 문제
ㄹ. 호림(虎林)·밀산(密山) 사건
ㅁ. 통의부 사건
ㅂ. 기타 사건

⑪ 기관조직 ⑫ 신사건(新事件) ⑬ 실포(實布)

이상의 내용을 보면 지금까지 독립운동을 근본적으로 비판하여 재정비하려고 했던 것을 알 수 있다.

해외 독립운동 단체 중에 임시정부측에서는 계속 국민대표회의를 불법 집회로 규정하고 있었지만 독립운동자가 거의 총망라하여 모인 회합이었으니, 총결산을 해 본다는 것도 무리는 아니었다. 그리고 임시정부에서는 국민대표회의가 워낙 큰 규모로 열리고 있었으므로 임시정부 자체를 평가하고, 또 자신의 운명을 바꾸어 놓을지도 모른다는 것을 충분히 파악하고 있으므로, 의정원과 국무원이 크게 동요되고 있었다. 그러나 국민대표회를 반대하는 기본 방침은 여전히 변하지 않고 있었다.

한편 국민대표회의 의안은 군사·재정·외교·생

계·교육·노동의 6개 분과와 헌법 기초위원회와 과거 문제 조사위원회의 2개 위원회에서 각기 토의된 후, 본회의에 상정되어 하나하나 처리해 나가고 있었다.

그러던 중 3월 9일 회의에서 신이진(申二鎭) 등 19인이 본회의 시국문제 토의안건을 제안한 것이 있었는데, 그 중에 제3안건으로 '본 국민대표회의는 대한민국 임시정부의 조직·헌법·제도 및 기타 일체를 실제운동에 적합하도록 개조하기를 결의함이라'는 안건을 3월 13일 본회의에 상정하여 싸움은 그때부터 시작되었던 것이다.

〈대표회의 결렬〉

3월 13일 제39일 회의에서 임시 정부개조안이 상정되자 원세훈이 이것은 헌법기초위원회에서 취급할 문제라고 회의 안건으로 상정하는 것을 반대하였다. 그리하여 며칠 동안 이 문제로 소란하더니, 시국문제에 대한 토의가 일단 보류되고, 분과위원회 결의사항을 보고받아 토의하였는데 6개 분과의 것이 5월 10일로서 모두 끝났다. 각 분과위원회의 안건이 토의되는 동안에도 상해에서는 정부의 개조와 창조로 시끄러웠는데 분과위원회 안건이 종결되었으니 어차피 이 문제에 대하여 토의가 본회의에서 진행되지 않을 수 없었다.

이때 5월 15일 김동삼·배천택(裵天澤)·김형식(金衡植)·이진산이 대표 사면 청원서를 제출하였다. 그 이유는 각기 소속 단체인 만주의 서로군정서와 한족회로부터 대표회의 분쟁을 이유로 소환 통고서를 받았다는 것이다.

이진산은 1921년 5월 액목현회의 이후 상해에 파견되어 국민대회회 추진에 주동적 역할을 하던 인물이고 김동삼은 이 회의의 의장이었는데, 이들이 물러간다는 것은 큰 타격이었다.

그리고 당시 회의에 70여 단체의 대표가 참석해 있었지만 만주 대표가 참석지 않는다면 국민대표회의의 의의도 상실되는 것이다. 양립된 의견에서 만주와 상해 대표들은 대개 임시정부의 개조를 주장하였고 북경과 시베리아 단체들은 창조를 주장했는데 미주에서도 박용만 계통 단체는 창조를, 그리고 안창호 계통은 개조를 주장했다. 공산주의자들도 양파로 분열되어 상해 정계는 걷잡을 수 없는 혼란에 빠졌다.

5월 15일 김동삼 등 서간도 대표들이 물러난 후 창조파의 윤해가 의장이 되어 회의를 진행했는데 개조안은 부결되고, 창조파의 제의에 의하여 국호와 연호를 토의 안건으로 상정시켰다.

이에 대하여 개조파에서는 5월 16일부터 회의 참석을 거부하니, 40명 전후의 대표가 모여 국민대표회를 계속할 형편이 되었다. 이에 양측에서는 다시 타개책을 강구하기 위하여 막후에서 접촉하였으나 끝내 결렬되었고, 창조파에서는 6월 3일 단독회의를 열어 국호는 한(韓), 연호는 단군기원으로 정하였다.

이때 정부에서도 6월 4일 양측 대표를 초청하여 조정해 보았으나 헛수고였다.

그리하여 임시정부에서는 6월 6일 내무부령 제1호를 발표하여 국민대표회의 해산을 명령하였다.

한편 임시정부의 창조안을 고집하던 인사 39명은 6월 7일 비밀회의를 열고, 전문 18조로 된 새 헌법을 통과시키니, 6월 3일 회의에서 결정된 국호 한(韓)에 의하여 한국 정부가 탄생한 셈이다. 이날 회의에서는 입법부인 국민위원회와 행정부인 국무위원회가 조직되었고 고문도 추대되었다.

한국 정부의 주동 인물은 원세훈·윤해·김규식·신숙 등이었다.

창조파는 한국 정부를 창조하여 그해 8월 시베리아의 블라디보스토크로 옮겨 갔다. 그리고 국민대표회가 민족 연합전선으로서 성공하기를 기대하고 자금 지원까지 했던 소련 정부는 국민대표회를 결렬시키고, 단독으로 새 정부를 만들어 오는 이들을 추방하였다. 추방하는 이유가 꼭 그런 것만은 아니고, 일본과의 관계에서 한국 독립운동 단체를 맞아들인다는 것은 외교상 불리하기 때문이기도 했다. 쫓겨 온 이들은 배반당한 사람이 되어 각처로 흩어졌다.

여기 대하여, ≪백범일지≫에서 김구는 다음과 같이 서술하고 있다.

'한형권의 붉은 돈 2십만 원으로 상해에서 개최된 국민대회라는 것은 참말로 잡동사니회라는 것이 옳을 것이다. 일본·조선·중국·아령 각처에서 무슨 단체 대표, 무슨 단체 대표하는 형형색색의 명칭으로 2백여 대표가 모여들었는데 그 중에서 이르크츠크파·상해파 두 공산당이 민족주의자인 다른 대표들을 서로 경쟁적으로 끌고 쫓고 하여 이르크츠파파는 「창조론」, 상해파는 「개조론」을 주장하였다. 창조론이란 것은 지금 있는 정부를 해소하고 새로 정부를 조직하자는 것이요, 개조론이란 것은 현재의 정부를 그냥 두고 개조만 하자는 것이었다. 이 두 파는 아무리 싸워도 귀일이 못 되어서 소위 국민대표회는 필경 분열되고 말았고, 이에 창조파에서는 제 주장대로「한국 정부」라는 것을 창조하여 본래 정부의 외무총장인 김규식이 그 수반이 되어서, 이 한국 정부를 끌고 해삼위로 가서 러시아에 출품하였으나 모스크바가 돌아보지도 아니하므로 계불입량(計不入量)하여 흐지부지 쓰러지고 말았다.

이 공산당 두 파의 싸움에 순진한 독립운동자들까지도 창조니 개조니 하는 공산당 양파의 언어 모략에 현혹되어 시국이 혼란하므로 당시 내무총장이던 나는 국민대표회의에 대하여 해산을 명하였다.

그리고 6월 3일 국민대회 자체에서도 개조파가 창조파를 맹렬히 공격하는 성명서를 발포하였다.

이때부터 모든 독립운동자들 입에서는 한동안 창조파니 개조파니 하는 소리가 흔하게 되풀이되었다.'

2. 국민대표회의 파급 영향

(1) 정부의 동요

 국민대표회는 그 표면상의 의도를 보면 당연히 있어야 할 시기에 있었던 것이라 말할 수 있으나 과정과 결말이 혼잡하고 당초의 의도에 역행한 결말을 빚었기 때문에 독립운동사에서 쓰라린 기억으로 남게 되었다. 그리고 국민대표회는 임시정부를 근본적으로 흔들어 놓아 수습할 수 없는 지경에까지 몰아넣고 말았다.

 1922년 초에 태평양회의가 한국인에게 실망을 안겨준 채 끝나자, 국민대표회의 추진운동은 급진적으로 다시 전개되었다. 그런데 국민대표회 운동을 급진적으로 발전시킨 직접적인 원인은 태평양회의에 대한 실망에 있었다기보다는 태평양회의에 대한 외교의 실패로 인하여 임시정부의 동태가 파탄적 양상을 보였기 때문이다.

 태평양회의 결과와 국민대표회 추진운동의 무형적 위협으로 말미암아 임시정부는 크게 동요되었고, 다시 임시정부의 동요가 국민대표회의 추진운동을 급진적으로 발전시켰다. 이와 같이 서로 꼬리를 물고 연쇄 반응을 일으키는 가운데 임시정부는 점점 쇠퇴하지 않을 수 없었다. 임시정부의 동요, 혹은 파탄적 양상은 1922년 2월 8일부터 열린 임시의정원 제10회 회의록을 통하여 찾아볼 수 있다.

3월 11일 신익희 등 5명 의원의 정부 건의안 토의가 시작되었는데, 그 건의안의 요지는 국민대표회의와 같은 것을 정부가 주관하여 개최하자는 것이었다. 건의안은 결국 부결되었는데 그 무렵에 국무원 각료가 총사임하여 이후 혼란이 계속되었다. 국무원 총사퇴는 3월 20일 의정원 회의에 보고되었고, 4월 7일부터는 의정원에서 대통령에게 사태 수습을 촉구하는 전보를 보냈다.

국무원의 총사퇴에 대한 보고를 〈독립신문〉에서는 '국무원들이 간고(艱苦)를 견디다 못하여 추현양능(推賢讓能)의 의미하에 총사퇴할 일로서 대통령께 수차 전보한 전말을 말하다.'라고 표현되어 있는데, 이로 보아 국무원에서도 대통령에게 수차 전보한 모양이었다.

국무원의 총사퇴 의사는 2월 8일 의정원 개원식 때 '재능이 결핍하여 대업을 진전 성공치 못한 책임을 지고, 추현양능의 소지(素志)를 수행함으로써 국면을 전개하여 신로(新路)를 척도(拓導)코자 함이 여(余)와 및 다수 각료의 정할 직성(直誠)의 의사라.'고 말한 신규식 국무총리의 개원 고사(告辭)에서 이미 표시되어 있었는데, 여기서 '대업을 진전 성공치 못했다.'는 대업은 말할 것도 없이 이틀 전에 폐막한 태평양회의에 대한 외교활동을 말한다.

앞에서 말한 3월 11일부터 상정된 신익희 등 5의원의 건의안에서 국민대표회 문제를 논의하려고 했던 것은 4일간 논란 뒤에 끝났는데, 3월 21일에는 도인권

등 5명 의원이 제안한 인민청원안이 본회의에 상정되어 역시 국민대표회 문제를 놓고 논란이 벌어졌다. 소위 인민 청원안이란 천세헌 등 1백2명이 연서로 청원한 것인데 인민 청원의 요지는 의정원에서 국민대표회 추진운동을 지원해 달라는 것이었다. 그런데 이것을 놓고 도인권·이유필(李裕弼)·신익희·오희원(吳熙元)·차이석(車利錫)·조상섭(趙尙燮)·조완구 등은 찬성하였고, 이병주(李炳周)·장붕·홍진 등은 반대하여 양측은 심각한 논쟁을 하다가, 4월 14일에 일부 의원이 불참한 속에 인민 청원을 수락하기로 가결하였다. 즉 국민대표회를 지원한다는 자기 부정적 결의를 했던 것이다.

이렇게 되니 국민대표회의 추진운동은 더욱 활기를 띠었고, 반면에 행정부는 점점 위축될 수밖에 없었다. 행정부 각료가 처음에 대통령에게 사퇴 의사를 표명하고, 그 수락을 계속 통고해 오다가 대통령이 아무 대답도 없자 좌우 행동이 난처한 형편에 이르렀는데 의정원에서 다수 의원이 국민대표회측에 호응하여, 결국 그것을 지원하기로 결의한 마당에 더 기다릴 수 없었던 것이다. 그리하여 대통령의 의사에도 불구하고 노백린 군무총장을 제외한 모든 각료가 사퇴하고 말았다.

그러므로 상해는 무정부 상태에 도달했다. 이러한 임시정부의 파탄적 양상이 국민대표회를 더욱 촉진하게 되었고, 대통령과 국무원 그리고 의정원과 국민대표회 주비회 등 4자의 관계가 얽힌 속에서 법정연구회의 설치문제, 시사책진회, 한국노병회(韓國勞兵會)가 차례로 생겨나 사태를 수습하려고 노력했으나, 임시정부의 활기를 회생시키는 데 도움이 되지 못하였다.

의정원에서 인민 청원안을 통과시켰다고 해도, 그것이 자기 부정적 결의였기 때문에 논란이 다시 일어나지 않을 수 없었다. 그리하여 4월 25일 회의에서 장붕·윤기섭·홍진 등 6명의 의원은 4개월 내에 의정원을 다시 소집함과 동시에 광복운동자 회의를 소집할 것을 대통령에게 요구하자는 결의안을 제출하였다.

이 결의안의 내용을 보면, 국민대표회가 계획한 것과 비슷한 것을 알 수 있을 것이다. 단지 제안자가 국민대표회 지원을 내용으로 한 인민 청원안을 반대했던 사람이었고, 또 국민대표회는 순수한 민간집회로서 계획한 것에 대하여 광복운동자 회의는 정부가 소집하여 주관하는 집회라는 성격상의 차이가 있을 뿐이다. 즉 앞서 말한 신익희 등 5명의 의원의 정부 건의안과 거의 같은 것이다. 그렇다면 양측이 협상할 수 없었던 이유는 무엇인가? 그것은 이승만 대통령의 축출 문제가 개재되어 있었기 때문에 협상할 수 없었던 것이다.

창조파나 개조파나 국민대표회측에서는 이승만을 축출할 마음이 있었는데 그 마음은 표면에 나타내지 않고 있었으니, 이러한 기미를 알고 있는 임시정부측의 이승만 찬성자들은 국민대표회에 대하여 근본적으로 반대하지 않을 수 없었고, 개조론자의 의견이라면 찬성할 수 있는 사람들도 임시정부의 권위와 창조론자의 정략에 넘어갈는지도 알 수 없는 형편을 우려해서 국민대표회를 반대하고, 그 대신 이승만 혹은 임시정부가 주관하는 독립운동자회의를 요구하기에 이른 것이다.

그러나 국민대표회측도 그러한 내막을 모를 까닭이 없고, 표면적으로는 반대할 수는 없었지만 그대로 통과시킬 수도 없었다.

그리하여 형식적인 논란을 벌이다가 5월 8일 '임시정부와 임시의정원의 법규·제도를 개선하기 위하여 법정연구회를 설치하되 민속(敏速)한 방법으로 각 방면의 중의를 광종(廣縱) 박채(博採)하여 연구 준비케 하고 차(此)를 실시 진행키 위하여, 금후 5개월 이내에 임시의정원 임시의회를 소집할 일을 대통령에게 요구하기를 결의함'이라는 수정안을 만들어 통과시켰다(《독립신문》 1922년 7월 1일자 2면 게재).

그런데 이 수정안은 공염불이 되고 말았다. 그 뒤 5월 말에 국민대표회를 반대하는 사람 김보연(金甫淵) 등이 1백13명의 연서로 의정원이 국민대표회 추진에 동조하지 않도록 요구하는 인민 청원안이 상정되어 다시 논란을 벌였으나, 민충식(閔忠植)·조소앙·이병주·이필규(李弼圭) 의원의 노력에도 불구하고 채택되지 못하였다.

의정원이 이와 같은 혼란 속에 있을 때 국무원은 전혀 마비된 상태에서 소생하지 못하고 있었다. 노백린 군무총장 외의 총사퇴는 그대로 계속되었을 뿐 아니라, 4월 20일 이후 대통령은 노백린을 국무총리로 임명하여 그에게 조각을 명령했으나 결국 그는 임시 총리 취임에 불확정했고, 각원을 조직하지 않아 무정부 상태 그대로였다(〈독립신문〉 1922년 7월 8일자).

이에 대하여 의정원에서는 대통령에게 사태 수습을 몇 번이고 통고했으나, 대통령은 '지금 의논중이니 기다리라. 노 군무총장을 임시 총리에 임명하니, 각원을 조직하여 내 결재를 맡아 발표케 하오.'(〈독립신문〉 4월 26일자)라고 회답해 오다가 노백린도 취임하지 않고 국무원 조각이 낭패될 지경에 이르자, 의정원에서 책임을 이행하라는 기별을 보내니 '돈 걷는 일에 방해되니 속히 정돈하시오.'라고 대답해 왔다.

이후 의정원 비공개회의에 들어가 대통령 불신임안을 상정시키고 토의하면서, 다시 대통령에게 불신임 방침을 통고하면서 회답을 요구하였다. 여기에 대통령은 사임을 거부하면서 여전히 의정원의 처사에 초연하기만 했다. 그리하여 6월 17일 불신임은 이병주·이필규·민충식 의원이 퇴장한 가운데 12명의 전원 일치로 통과하였다(〈독립신문〉 4월 26일자).

의정원에서 통과한 불신임 결의안은 대통령과 국무원에 대한 불신임 결의였는데 이로 말미암아 사실 무정부 상태에 빠졌다. 그러나 이승만은 하등의 반응이 없었고, 의정원도 그 뒤의 처리를 할 길이 막혔다. 불신임 결의 자체가 위헌이라는 공격이 강했다. 그러한 때(국민대표회가 다시 열리려 할 때) 새로 대통령이 선거된다 해도 취임할 사람도 없을 것이니, 의정원만 난처해져서 결국 의정원 의원이 사퇴하는 사실까지 있었다.

임시의정원 의원 중 신익희·오영선(吳永善)·이유필·손정도·안정근(安定根)·양기하(梁基瑕)·조상섭 등 10여 명은 동일한 주견으로서 이 시국을 전개하기 위하여 국민대표회 찬성안 대통령 및 각원 불신임을 통과하기에 노력하여 마침내 통과되었으나, 대통령은 자기를 불신임하는 안이 의정원에서 가결되었음에도 불구하고 의연히 사직하지 않았으며, 또 그를 두호하는 일부 인사 중에는 의정원의원의 처사를 불법이라 하여 반대하는 소리가 높아졌다. 한편 각원을 조직하려는 몇몇 인사의 동향도 보이므로 만일 그러한 인사들의 실력은 차치하고라도 이름만이라도 두 개의 정부가 양립하는 모습이 드러나면 큰 문제이므로, 신익희·오영선·이유필·조상섭·손정도·양기하·김홍서 등 7인은 종래의 의견을 번복하여 버리고 사면을 제출하니, 행정부에 이어 의정원도 마비상태에 빠졌다.

이러한 때에 국민대표회의 압력만 더해 가고 있었다. 이러한 혼란중에 1922년을 보내고 해가 바뀌면서 정계의 동향은 새로운 단계로 발전하였다.

(2) 1923~24년의 동향

1922년 여름부터 임시정부가 파탄 위기에 놓여 있다가 해가 바뀌면서부터 비교적 소강상태에 들어가는 듯이 보였다. 그러나 이것이 임시정부를 발전시킨다는 의미는 아니다. 임시정부는 이 시기를 고비로 내리막길이었다. 그 뒤 우여곡절을 거쳐 명목상 임시정부의 최고 책임자가 누구였든, 임정의 간판을 유지하면서 미주에 재류하는 동포들의 주머니 돈으로 겨우 법통을 지켜 온 실력자는 백범 김구였다.

1923년 1월 5일 국민대표회가 열렸고, 또 같은 날 국무원 포고 제1호를 발포하고 국무원의 조각도 차츰 정리되어갔다. 그러나 노동총장으로 선임된 김동삼 같은 이는 취임을 거절하였는데 그의 위치로 보아서 임정을 위해서는 애석한 일이었다. 그는 국민대표회에서 실망하고, 만주로 가서 만주에 있는 독립운동 단체를 통합하려 했다. 그가 노력한 보람이 있어서 군소 단체를 합쳐서 재만 민족진영 3대 단체의 하나인 정의부(正義府)를 조직하였다.

국민대표회를 둘러싼 북새통에서 임시정부는 내무총장 김구, 외무총장 조소앙, 재무총장 이시영 등을 핵심 각원으로 하고 조각을 하였는데 임시정부 수립 이래 공석중의 외무총장이 처음으로 실제 나타난 점, 또는 상해에서 가장 실력자의 한 사람인 김구가 내무총장으로 취임한 점 등은 그 어느 때보다도 강력한 내각이라고 할 수 있다.

같은 해 2월 15일부터 개원한 제11회 의정원회의도 그 전반에는 1922년 10회 회의처럼 방향을 정하지 못하는 회의는 아니었다. 이러한 점은 국민대표회의 진행에 따라 나타난 여러 가지 부정적 현상을 관망하고, 의정원이 주체적인 자기 위치로 돌아가고 있다는 것이다. 그것은 개회 벽두부터 제안되어 있었던 「대국쇄신안(大

局刷新案)」을 통해 알 수 있다. 안건의 핵심은,
 ① 법제를 시의(時宜)와 민족에 맞게 개정할 일
 ② 책임 행정으로 하여 본원의 감독하에서…… 광복운동을 통일적·적극적으로 진행하게 할 일
 ③ 대통령 탄핵안

이 3개 조항 중에서 제1항, 제2항은 3월 25일과 26일에 통과되었고, 제3항은 법적 절차 문제에 별도로 제안되어 있었다. 그리고 제2항을 구체화시키기 위하여 개헌안도 4월 1일부터 상정 토의하였다.

당시 의정원에 상정되어 있던 헌법 개정안에 반대하던 의원은 퇴장하여 출석지 않으니 의정원의 당시 재적수가 30여 명이었는데 정족수가 미달하여 개회하지 못하고 있었다. 그러던 중 5월 4일 회의에서 문시환(文時煥) 의원의 긴급제의가 통과되어 큰 정쟁으로 비등하였다.

문시환의 긴급제의란 '국민대표회로 하여금 대한민국의 임시헌법을 개정케 하며 또는 기타 중대 사건을 처리케 함'이었다. 여기에서 중대 사건이란 물론 대통령 탄핵문제도 포함되어 있었겠지만 문시환 등이 긴급조처를 강구한 것은 4월 2일 회의 이후 의정원회의가 계속 유산되어 온 것에 대한 비상수단이었을 것이다.

그런데 혼란은 그때부터 극렬해졌다. 1923년은 당면의 최대의 적인 일본 제국주의에게 효과적인 공격도 한 번 못하고 임시정부 자체 내에서의 집안 싸움만 한 느낌이 없지 않았고, 이듬해인 1924년도 지난해와 비슷

한 자체 내의 문제만 가지고 서로 싸우기도 하였으나 한편 국민대표회로 말미암아 혼란했던 임시정부를 정리하던 해이기도 하였다.

4월 23일부터는 이동녕이 내각을 맡았고, 한편에서는 의정원회의가 열렸다. 그리하여 의정원회의에서는 그해 6월에 이승만 대통령의 유고안을 통과시켰고, 따라서 이동녕이 대통령대리로 선임되었다가, 12월에는 박은식을 대통령대리로 선출하였다. 이러한 일들은 많은 곡절 속에서 이루어진 것이지만 국민대표회 뒤에 임시정부의 질서를 정돈하는 의미에서 어느 정도의 효과를 거두었다. 박은식 대통령대리는 내각도 개편하였다. 그러나 분열과 파당 가운데 상처의 잔영은 가실 줄을 몰랐다.

3. 대통령 탄핵과 개편

(1) 이승만 박사의 공과

이승만이란 자연인을 평가할 때 그는 천자가 영민하고 소성도 보통 인간으로서 특별히 지적할 만한 결함이 없는 인물이다. 그러나 배달민족의 반만년 역사상 가장 풍파가 심했던 1세기, 또는 세계 역사상으로도 모든 국가 사회가 변전무쌍하여 풍파가 가장 거칠었던 시기에 태어나서 그것에 말려들어 생애를 바친 인간 중 하나였다. 그가 만일 학자로서 일생을 보냈더라면 개인적 생애로서는 사람들의 입에서 회자의 대상이 되지 않았을 것이다.

그는 인간사회에서 가장 어려운 과제 중의 하나인 혁명사업에 간여하였기 때문에 공도 컸고 과오도 많이 범한 인물이다. 그에게는 내심으로 혹은 '남아불능 유방백세면 역당 유추만년(男兒不能遺芳百世亦當遺醜萬年)'이란 야심이 있었을는지도 모른다. 여하튼 그는 배달민족 역사에 문제를 남긴 인물이었다. 그에 대한 최후 결론은 좀더 세월이 흐른 다음에 사가들이 심판을 내려야 할 것이다. 그를 대원군처럼 완고한 고집쟁이로 평할는지, 또는 달리 평판을 내릴는지, 미래의 최후 결론은 지금 논평할 수 없으나 오늘 이 시점에서 볼 때에 그는 광복운동에서 공도 있으나 과오가 많았고, 8·15 해방 후에도 젊은 사자들의 손으로 하여금 그의 동상까지 없애 버리게 한 것은 무엇을 말함인가?

배달민족이 망국노 생활 10년 만에 다시 총궐기하려 할 무렵, 솔선해서 이역 만리 밖에서 국제무대에 민족문제를 들고 일어났던 것은 좋으나, 본의가 어디에 있든지 간에 위임통치를 남에게 요청한 것은 그 자신을 위해서도 치명적인 과오였다. 그래서 그를 공박하는 의견을 억누르고 그를 대통령으로 선거한 뒤에도 몇 해를 두고 이승만 문제로 임시정부가 뒤흔들려 오다가, 1925년 3월 11일 임시정부 임시의정원에서 임시대통령 이승만 탄핵안을 통과 가결함으로써 위임통치 문제를 비롯한 그의 과오를 심판하여 일단락 짓게 되었다. 그때 임시대통령 이승만 심판위원은 위원장 나창헌을 비롯하여, 위원으로 곽헌·채원개·김현구·최석순 등 모두 5명인데 위임통치 문제는 앞서 성토문(제1장 4절 2항 별계 참조)에 지적된 바 여기서는 재론하지 않기로 하고, 이번에 새로운 문제를 들어 탄핵한 이유의 전문은 다음과 같다.

〈주 문〉

임시대통령 이승만을 면직시킴. 이승만 탄핵안에 의해 그 위법 사실을 조사한 증거를 열거하면 민국 6년 12월 22일부로 전 재무총장 이시영에게 보낸 공문, 동 6년 12월 22일부로 국무원 각위 회람으로서 송부된 임시대통령 공문, 동 6년 7월 3일에 발한 구미위원부 통신부 특별송신, 동 7년 1월 28일에 낸 구미위원부 통신특별호, 동 7년 2월 13일부로 박은식에게 송부한 서신 등과 같다.

이승만은 외교를 빙자하고 직무지를 떠나 5년 동안 원양일우(遠洋一隅)에 편재해서 난국 수습과 대업 진행에 하등 성의를 다하지 않았을 뿐 아니라, 허무한 사실을 제조 간포(刊布)해서 정부의 위신을 손상시키고 민심을 분산시킨 것은 물론, 정부의 행정을 저해하고 국고 수입을 방해하고 의정원의 신성을 모독하고 공결(公決)을 부인하고, 심함에 이르러서는 정부의 행정과 재무를 방해하고, 임시헌법에 의해 의정원의 선거에 의해 취임한 임시대통령으로서 자기의 지위에 불리한 결의라고 해서 의정원의 결의를 부인하고, '한성조직 계통 운운'과 같은 것은 대한민국의 임시헌법을 근본적으로 부인하는 행위다. 이와 같이 국정을 방해하고 국헌을 부인하는 자를 하루라도 국가 원수의 직에 두는 것은 대업 진행을 기하기 어렵다. 국법의 신성을 보지하기 어려울 뿐 아니라 순국 제현이 명복할 수 없는 바이고, 또 살아 있는 충용들이 소망하는 바 아니므로 주문과 같이 심판한다.

대한민국 7년 3월 11일
임시대통령 이승만 심판위원회
위원장 나창헌(羅昌憲)
위원 곽 헌(郭 憲)
위원 채원개(蔡元凱)
위원 김현구(金鉉九)

위원 최석순(崔錫淳)
(≪독립운동 연감≫중에서 인용한 것)

  1925년 3월 1일 제13회 임시의정원에서 가결된 임시정부 임시대통령 이승만 심판결의안의 내용은 다음과 같다.
  본원은 임시헌법 제3장 제14조에 의하여 임시대통령 이승만을 탄핵하고 심판에 붙일 것을 결의함.

〈이 유〉
(1) 임시헌법 제14조에 부기된 서약 및 동 제39조를 위반함
  임시헌법 제14조 전문
  '나는 일반 인민 앞에 성실한 심력(心力)으로써 대한민국 임시대통령의 의무를 이행하고 민국독립 및 내치외교를 완성하여 국리민복을 증진케 하며 헌법 및 법률을 준수하고 또 인민으로 하여금 준수케 할 것을 선서함'

〈증 거〉
  민국 6년 12월 22일부 전 재무총장 이시형에게 보낸 대통령 공첩에 의하면 '하와이 교민의 인구세 징수를 중지하였음은 본 대통령의 지휘에 의하여 행한 바이니, 위원 또는 단장을 힐책할 것이 아니다'라고 했으며, 또 본 대통령은 하와이 교민단장 및 부인회장에 대하여 상해로 납송해야 할 공금을 전부 정지시키고 다시 훈령을

기다리라고 명령했다 함.

(2) 헌법 제11조를 범함
〈증 거〉

① 민국 6년 12월 22일부 전 재무총장 이시영 앞으로의 대통령 공첩에 의하면 '태평양 동서에 구역을 나누어 극동 각지는 상해에서 관리하고, 북미 각지는 워싱턴에서 관리하여 현상유지책 밑에 각각 분담 진행하되 중대사항은 상호협의 후 실행하라'고 했다.

② 동 공첩 내에 또 '내지에서 수십만 원의 재정이 상해로 유입되었으나, 정부에서 외교사무를 위하여서는 한 푼도 사용하지 않고, 극동에 산재된 수백만 동포에게 대하여서는 은 1원씩도 징수하지 못하고, 미국령 교민에게 대하여서만 공납금을 납부케 함은 국법에 위반이라고 하는 논조로 논책함은 부당하다'라고 하고 있다.

③ 대통령을 선출한 헌법 및 임시의정원을 부인한 것

〈증 거〉

① 민국 6년 12월 21일부 국무원 각위 앞으로의 회람 공문에 의하면 의정원에서 여하한 법률로 여하한 의안을 통과시켜도, 우리들은 모두 임시적 편의로서 방임할 것이나, 13도 대표가 국민대회로 한성에 모여 선포한 약법 제6조에 '본 약법은 정식 국회를 소집하여 헌법을 반포할 때까지는 이를 적용함'이라고 했다. 법문에 위반되는 행위를 행하고서는 '한성 조직의 계통을 보유

할 수 없는 경우는 결코 이를 준수하지 말라'고 하였다.

② 동 공문 내에 또 '국민 전체를 대표하는 입법부가 성립될 때까지는 의정원은 이들 법안을 통과시킬 수 없음'이라고 했다.

위의 이유에 의하여 현재 임시대통령의 불법 행동은 1일이라도 묵인할 수 없으므로 본 의원들은 헌법에 의거 본안을 제출함

대한민국 7년 3월 13일

〈제안자 의원〉

곽헌・최석순・고준택・강창제・강경선・나창헌・김현구・문일민・임득산・채원개

3월 23일 박은식이 임시대통령으로 당선되고 다음날 24일 의정원에서 대통령취임을 선언하였다.

(2) 정부의 개편(헌법 개정)

1925년은 대통령 탄핵과 정부개편의 해였다. 임시정부의 체질과 체제를 개선하려고 근본적인 개혁에 착수했던 것인데 첫단계로 대통령 탄핵 심판안을 통과시키고, 계속해서 헌법 개정을 단행하였다.

이와 같이 개혁한 것은 임시정부를 개조한 것이다. 헌법 개정이 절실히 요망되고 있던 사정은 1921년 이래의 국민대표회의 활동을 통해서 알 수 있지만, 보다 의정원 자체가 1922년 인민 청원안을 통과시킨 점에서 보거나, 또 1923년 국민대표회가 열리고 있던 다른 한

편에서 대국쇄신안(大局刷新案)으로서 헌법 개정안이 의정원에 상정되어 있던 상황을 보더라도 알 수 있다.

그리고 1924년 대통령 유고안을 가결시키고 대통령 대리로서 임시정부를 영도케 했던 조처도 개헌을 위한 전주적(前奏的) 단계로 보아야 할 것이다. 임정의 기관지의 논평도 개조와 개헌의 필연성을 주장하였다.

이와 같은 형세 속에서 개헌안은 3월 30일 임시대통령(박은식)으로부터 제안된 임시헌법 개정안을 통과하였다.

<대한민국 임시헌법>

〈제1장 대한민국〉

제1조 대한민국은 민주공화국임

제2조 대한민국은 임시정부가 통치함

제3조 대한민국은 광복운동 중에서 광복운동자가 전인민을 대신함

〈제2장 임시정부〉

제4조 임시정부는 국무령과 국무원으로 조직한 국무회의 결정으로 행정과 사법을 통관함(국무원은 10 이상 5인 이내)

제5조 국무령은 국무회의를 대표하여 그 결정을 집행 또는 집행케 하고 임시의정원에 대하여 책임을 부함

제6조 국무원은 국무회의의 일원으로 일체 국무를 의정함

제7조　법률을 공포하며, 명령을 발하며, 법안을 제출하며 기타 중요 문건을 발할 때에는 국무령과 국무원의 연서로 함

제8조　행정 각부의 부서는 국무회의에서 정함

제9조　행정 각부의 책임 주무자는 국무회의에서 호선함

　　　각부 주무자는 법령과 국무회의 결정에 의하여 주관 사무를 집행함

제10조　직원의 임명은 국무회의의 결정으로 국무령이 행함

제11조　임시정부는 헌법 및 기타 법률에 저촉되지 아니하는 범위 내에서 행정상 필요한 명령을 발함을 득함

제12조　임시정부는 임시의정원 폐원 중에 긴급한 필요가 있는 때는 법률에 대(代)한 명령을 발함을 득함

　　　차 명령은 차기 의회에서 승낙을 부득할 때는 향후로 그 효력을 실(失)함이 가함

제13조　국무령은 임시의정원에서 선거하되 투표 총수 3분의 2 이상을 득한 자로 함

　　　단 2회 투표에도 결정치 못할 때는 3회에는 다수로 함

제14조　국무령의 임기는 3개년으로 정하되 재선됨을 득함

제15조　국무령이 유고(有故)한 때는 국무회의에서

　　　　대리 1인을 호선하여 그 직무를 대판케 함
　　　　　단 국무령이 결원된 때는 국무령대리는
　　　　국무령의 명의까지 대리하되 지체없이 임시
　　　　의정원에 요구하여 후임을 선거케 함
제16조　국무원은 국무령의 추천으로 임시의정원에
　　　　서 선임함
　　　　　단 임시의정원 폐원중 국무원 보결은 국
　　　　무회의에서 자행하고 지체없이 임시의정원
　　　　에 청하여 투표표결(投票表決)을 요함
제17조　국무원의 면직은 국무회의에서 자행함

〈제3장 임시의정원〉
제18조　임시의정원은 의원으로 조직한 입법기관임
제19조　임시의정원 의원은 법률의 정한 바에 의하
　　　　여 지방 의회에서 선거함
　　　　　현재 의회가 성립되지 아니한 지방에는,
　　　　지방의회가 성립되기까지 그 지방에 본부를
　　　　유(有)한 광복운동 단체로 지방의회를 대
　　　　(代)케 함을 득함
제20조　임시의정원은 매년 11월에 임시의정원이 자
　　　　행 소집함
　　　　　임시정부의 요구나 의원 3분의 1 이상의
　　　　청구가 있을 때는 임시 소집함을 득함
제21조　임시의정원의 회기는 1개월 이내로 정하되
　　　　원(院)의 결의 혹은 임시정부의 요구에 의

하여 1개월 이내를 연장함을 득함

제22조　임시의정원은 의원 3분의 1 이상의 출석이 아니면, 개의를 득치 못하고 출석 의원 과반수의 찬동이 아니면 의안의 가부를 결치 못함

제23조　임시의정원이 의결한 법률 및 기타 사건은 임시정부가 차를 공포 또는 시행함

　　　　법률은 자달(咨達) 후 10일 이내에 공포함

제24조　임시의정원이 의결한 법률 및 기타 사건을 임시정부가 불합함으로 인할 때에는 자달 후 7일 이내에 이유를 부(付)하여 재의를 요구함을 득하되, 그 재의안에 대하여 전의(前議)를 고집할 때는 제23조에 의함

제25조　임시의정원은 의장·부의장 각 1인을 선거하며, 헌법 급 기타 법률의 범위 내에서 제반 내규(諸般內規)를 정함

제26조　임시의정원은 별조의 규정이 유(有)한 이외에 다음의 직권을 유함

(1) 법률안을 의결함

(2) 선전·강화와 조약체결과 국사(國使) 파견에 동의함

(3) 광복 방략 및 기타에 관한 의견을 임시정부에 건의함

(4) 국무령 국무원의 실직 혹 위법 우(又)는 범법 행위에 대하여 심판 처벌함

〈제4장 광복운동자〉

제27조 광복운동자는 법령을 준수하며 재정을 부담하며 병역에 복하며 징발에 응하는 의무를 가짐

제28조 광복운동자는 지방의회를 조직하여 임시의정원 의원을 선거하며 임시정부 및 임시의정원에 청원함을 득함

〈제5장 회계〉

제29조 조와 세율은 법률로써 정함

제30조 임시정부의 세입 세출의 예산 결산과 국채와 기타 국고 부담이 될 만한 사건은 임시의정원 결의를 요함

예산에 초과하거나 예산의 지출이 있을 때는 차기 의회에 승인을 요함

제31조 임시정부의 회계는 임의정원이 매년 1차 이상 검사함

〈제6장 보칙〉

제32조 임시정부는 국토광복 후 1년 이내에 국회를 소집하여 헌법을 제정하되 국회 성립 전에는(임시의정원이 국회를 대(代)하고 헌법 시행 전에는) 본 임시헌법이 헌법을 대(代)함

제33조 본 임시헌법에 의한 임시의정원이 성립되

기 전에는 구임시헌법에 의하여 성립된 임
시의 정원이 임시정원 잠행 조례에 의하여
그 직권을 대행함

제34조 본 임시헌법은 임시의정원 의원 3분의 2
이상의 가결로 개정함을 득함

제35조 본 임시헌법은 대한민국 6년 7월 7일부터
시행하고 동시에 원년 9월 1일에 공포한 임
시헌법은 폐지함

(3) 개정된 헌법의 특징

 이상과 같이 개정된 헌법은 모두 6장 35조로 되어 있는데 1919년 9월 헌법에 비하면 조문도 많이 줄었고, 내용도 헌법전(憲法典)으로서는 조잡해졌으나 독립운동을 수의하던 임수정부의 현실적 요구를 고려한다면 보다 실용적 헌법이라 할 수 있다.

 1919년의 헌법은 명분과 그 형식적 체제에 치중하여 3권분립과 같이 가공적인 규정도 있었고, 정부 형태를 대통령 책임제와 내각 책임제를 절충하여, 정부운영에 많은 차질을 가져왔으며 또 대통령과 국무총리의 임기 규정이 없던 것으로 말미암아 문제됐던 허점을 지니고 있었다. 이 개정된 헌법은 그런 허점을 개선하고 독립운동 전개상 당시의 실정에 적합하게 하였다.

제3장 임시정부의 쇠퇴기

1. 임시정부 내각조직의 실패

3월 23일 임시대통령으로 당선된 박은식은 80세 노인으로 혼미하여 일국의 정사를 총지휘하기 어렵고, 또 반대파도 적지 않아서 내외의 거센 풍파를 헤치고 나가기에는 너무 미약하였다. 개정된 헌법이 같은 해 7월 7일부터 효력을 발생하였는데 그날부터 의정원에서는 국무회의 조직에 착수하였다. 그런데 새 내각을 조직하는 데 있어서 인물난으로 상당한 곤란을 겪었다. 국무령 및 국무원에 추대할 만한 인물은 거의 취임을 거절하는 형편이니, 7월 이후 이듬해인 1926년 말까지 각료의 취임과 사임의 뒤바뀜으로 세월을 보냈다.

처음 1925년 7월 의정원에서 이상룡(李相龍)을 국무령으로 추대하였는데 그는 그해 9월 24일 취임하고 곧 내각 조직에 착수했으나 실패하고 말았다.

그는 부민단(扶民團)·서로군정서(西路軍政署) 등 서간도에 근거를 둔 독립운동 단체의 지도자로서 국무령으로 추대될 당시는 정의부(正義府)의 간부였다.

이와 같이 재만(在滿) 단체의 중진을 국무령으로 선임하는 이유는 재만 독립운동 기관을 임시정부의 관할 밑에 두려고 했던 것이다. 그리고 이상룡은 내각조직을 거의 만주에서 활약하고 있는 지도자들로 조직하려고 정의부의 오동진(吳東振)·김동삼(金東三)·이탁(李沰:만주사변 후 변절자) 등을, 또 신민부의 지도자 김좌진·현천묵(玄天默)·조성환(曺成煥)과 참의부 이유필(李裕弼) 등을 각료로 구성하였던 것인데, 모두 취임을 거절하여 조각에 실패하고 이상룡도 이듬해(1926년) 2월 18일에 사임하고 말았다.

이 한 가지 예로 보아도 당시 만주에서 활약하고 있던 독립운동자들의 임시정부에 대한 태도를 짐작할 수 있다.

어느 의미에서는 임시정부를 경시하고 초창기에 임시정부를 우러러 광복운동의 최고 통수기관이요, 대본영으로 보던 경향은 전혀 찾아볼 수 없고 임시정부의 명목상 직할 기관인 육군 주만 참의부를 제외하고는 정의부·신민부는 자체가 관할지역 내에 거주하는 혁명적 한족(韓族)을 통할하는 최고기관으로서 관념상 정부의 대행기관으로 자처하고 있었다.

그러나 이 무렵(1925년경)부터는 임시정부뿐만 아니라, 만주를 활동무대로 하고 싸우는 운동 전체가 침체되어 민족진영의 일반 상황은 내리막으로 어두워져 갔다. 특히 소위 「삼시협정(三矢協定)」 때문에 만주 독립운동은 큰 타격을 받게 되었다.

당시 중국은 손문이 죽은 뒤에 그의 동지들이 국민혁명 완수를 위하여 각 지방을 할거하고 있는 군벌을 제압하려고 서두르고 있던 중인데 그 중에서도 북방 군벌 오패부(吳佩孚)·장작림 등을 제압, 즉 북벌을 단행하기 전까지는 중국의 어느 정권을 대상으로 믿고 외교를 전개하기도 난처한 실정이었다. 그러므로 그 지역마다 당지의 중국 당국과 교섭하는 길뿐이었다. 임시정부는 상해의 프랑스 조계 당국자들과 북경 방면의 독립운동자는 당시 북경의 중국 당국과 만주는 동삼성에 군림한 장작림 정권과 교섭하는 길뿐인데, 장작림이 일제에게 본의는 아니면서도 울며 겨자 먹기로 압력에 못 견디어 조선총독부 경무국장 삼시(三矢)와 1925년 6월 소위 삼시협정이 체결되어, 한국인은 거주이전·무기휴대·집회결사의 자유를 잃게 되고 국제관례에도 없는 정치범까지 체포해서 일본당국에 인도한다는 것인데, 이 삼시조약의 결과로 독립운동뿐 아니라 일반 동포사회에 끼치는 악영향이 막대하였다.

이러한 상황 밑에서 재만 독립운동자(지도자)가 만주를 비워 두고 떠날 수 없었던 사정도 임시정부의 각료 추천을 거절한 몇 가지 이유 중 하나였다.

그리하여 이상룡이 사임하고 역시 만주에서 활약하고 있는 양기탁(梁起鐸)을 국무령으로 임명(2월 18일)하였으나, 사양하고 취임하지 않았으며, 그해 5월 3일에 때마침 미국으로부터 돌아온 안창호를 국무령으로 추대하였으나 역시 사양하였다.

안창호는 당시의 상해와 임시정부 실정을 다음과 같이 말하였다.

"제가 상해에 5월 7일 도착하여 상해 형편을 본즉, 그간 서로 공격하는 속사물(速寫物)을 분비(紛飛)하였고, 봉투(棒鬪)·권투에 총질까지 수차 발생되어 인심은 몹시 악화되었고, 사회는 삼분오열에 극히 혼란하여졌으니, 옛날에 보던 상해와는 딴판이 되었습니다. 동시에 임시정부는 명의의 존속도 난제(難題)가 되었는데 의정원에는 최후 방침으로 제(弟)를 국무령으로 선거하였더이다. 제는 기정한 주지(主旨)대로 국무령의 건을 사절하고, 정국이 그와 같이 된 것을 차마 도외시할 수 없으므로 사방을 접흡(接洽)하여 상해 일부라도 공동협의로 내각을 새로 조성하여 정부를 존속케 하려고 노력하였으나 이동녕 씨 파가 끝까지 불응하고, 기타 인사들은 난국을 기피하므로 여의치 못하였고……운운"

위에서 상해 동정을 웬만큼 알 수 있는데 그와 같은 혼란 속에서 7월 7일 홍진(洪震)이 국무령에 선임되어 조각을 하게 되었다.

2. 제도의 개혁

  조소앙·김응섭(金應燮)·이유필·최창식(崔昌植)·조상섭(趙尙燮)을 각원으로 하고 조각된 홍진 내각은 개정된 헌법이 발효한 지 만 1년 만의 일이었다.

  오랜만에 임시정부의 시정방침도 발표되었다. 그러나 재정문제를 비롯한 여러 난관에 부딪쳐 좀처럼 난국을 타개하기 힘들었다. 임시정부 전위 기관의 하나인 한국노병회며 안공근·여운형·오영선 등의 독립운동 촉진회가 있었으나 큰 도움이 못 되었다. 임시정부를 위해서 여러 방면으로 활약하던 안창호까지 홍사단 사업으로 천진·만주 방면으로 떠나게 되니 임시정부의 활동은 정체되고 말았다.

  이러한 가운데 그해 12월 홍진 내각이 사퇴하고 김구 내각이 성립되었다. 김구 내각은 김철·윤기섭·오영선·김갑·이규홍(李圭洪)으로 구성되었는데 그의 첫 사업이 제도의 개혁이었다. 김구 내각이 성립되어 곧 개헌 작업을 서둘렀던 것인데, 그 이유는 1925년 7월 이후 내각 조직이 계속 유산되던 상황을 1년 반 동안 관찰한 결과 현실과 제도가 맞지 않는 이유가 무엇이라는 것을 절실하게 파악했기 때문이었다. 그래서 김구는 제도상의 결함을 통감하고 위원제를 채택하기로 하였다.

 당시 상해에 있던 인물이 거의 비슷했으므로 누가 국무령이 되고, 누가 국무원이 된다고 할 수 없다는 것이다. 사실 김구 내각의 국무원은 임시정부 초창기에는 임시정부에서 모두 김구보다 활동이 많고 활발했던 사람들이 대부분이었다.

 1927년 2월 12일 개헌안이 상정되었으나 그 개헌안은 15일에 부결되고, 다시 개헌 초안이 마련되어 2월 15일 의정원에서 통과되고 3월 5일 공포되었다.

〈개정된 헌법의 특징〉

 1927년에 헌법을 개정하게 된 동기는, 앞에서 말한 바와 같이 국무령 제도로서 내각을 조직하기 힘들었던 현실적 실정에 적합하도록 한 것이고 또 막상 헌법을 개정할 때는 1925년의 헌법에 의하여 임시정부를 운영해 본 경험에서 시정 보완도 했으며, 국무령 제도만을 개정한 것은 아니었다.

 우선 헌법의 체제에서 전문(前文)이 없는 것은 1925년의 헌법과 같은데, 모두 5장 50개 조문으로 되어 있다.

 1925년의 것은 6장 35조로 되어 있는 것에 비하면 15개 조가 늘어났는데, 이것은 전 헌법의 미비점을 보완한 것이며, 장(章)의 경우에는 1925년의 헌법보다 하나가 적은 것은 광복운동자의 장을 없애고, 광복운동자의 선거권 대행 규정은 「임시의정원」 장에, 의무 규정은「총강」장에 넣었기 때문일 뿐 광복운동자의 의미 규정에는 변화가 없었다. 개정된 임시 약헌의 내용에서 특징을 찾아보면 다음과 같다.

① 국무령을 없애고 국무회의 제도를 채택한 점
 여기에 개헌의 동기가 있었는데 내각책임제에는 변함이 없었으나 내각의 수반을 없애고 국무위원으로 구성된 국무회의에서 행정을 총판하도록 규정했다(제28조). 그 이유는 상해 정계에서 정국을 인도할 만한 인물이 부족하다는 것을 의미한다. 이 제도와 비슷한 것으로 1921년에 이동휘가 이승만에게 제안한 국무위원회 제도가 있었는데, 그때는 대통령이 상해에 체류하지 않는 것을 극복하기 위한 방법에서 모색된 것이므로 1927년의 경우와는 다르다.
 1927년의 경우, 국무령은 없어졌지만 국무회의의 주석제도(主席制度)는 있었다. 그러나 이때의 주석은 회의의 주관자에 불과하고 또 국무위원들이 교대로 맡을 수 있게 되어 있어서 국무령과는 다르다. 그리하여 혹간 윤회주석제도(輪廻主席制度)라고도 한다.

② 의정원의 지위가 월등하게 높아진 것이다.
 개정된 헌법 제2조에서 '대한민국의 최고 권력은 임시의정원에 있음'이라고 규정한 것인데 의정원의 지위가 향상되었다는 것은 전 헌법과 달리 장(章)의 순서가 바뀌어진 데서도 나타나고 있다.

그런데 이와 같이 의정원의 지위 강화는 상대적으로 행정부의 지위 약화를 의미하고 있는데 이것을 제28조의 '임시정부는 국무위원으로서 조직한 국무회의 결의로써 국무를 통판한다.'라는 제도는 행정력의 감퇴를 말해 주는 것이며, 독립운동으로 추진력 감소를 초래할 우려도 있는 헌법이라고 볼 수 있다.

  ③ 제2조 단서(但書) '단 광복운동자가 단결한 정당이 완성될 때는 최고 권력은 그 당에 있는 것으로 한다.' 제49조의 후단 '광복운동의 대단결한 당이 왕성한 경우에는 그 당에서 개정하는 것으로 한다'라고 규정되어 있는데, 중국과 소련에서 국민당과 공산당이 정부를 이끌고 나가는 이당치국(以黨治國) 혹은 이당광작(以黨工作)을 모방한 것이다.

  1925년의 헌법이 의정원에 상정되어 있던 때 〈독립신문〉이 헌법 개정에 대하여, 언급한 내용에서 '혁명의 대사(大事)를 거(擧)함에는 먼저 혁명 당원이 그 중추가 되어 민중을 지배하고 진행하는 것이다. 소비에트 정부를 건설한 러시아의 공산당과, 만청(滿淸) 정부를 타도한 중국의 국민당이 그 통례(通例)(〈독립신문〉 1925년 3월 23일자 4면)'라고 한 점에서 소련과 중국의 영향을 받은 사정이 잘 표현되어 있다.

  그리하여 임시정부의 헌법이 변천한 과정에서 임시정부의 실권자는 국민(1919년의 헌법), 광복운동자 (1925년의 헌법), 광복운동자의 통일정당(1927년 헌법)으로 이행(移行)하면서 있었던 점을 알 수 있다.

그리고 임시 약헌 제50조에 '본 약헌은 대한민국 9년 4월 11일부터 시행함과 동시에 대한민국 7년 4월 7일에 공포한 임시헌법은 폐지한다.'라고 되어 있어서 4월 11일부터 효력을 발생하였다.

그리하여 김구 내각은 물러났고, 새 내각 조직이 착수되었으나, 신헌법에 영향을 받아 유일당촉성(唯一黨促成) 문제로 후임 내각 조직이 늦어졌다. 새 내각이 조직된 것은 그해 8월이었는데 국무위원은 이동녕·김구·오영선·김철·김갑으로서 이동녕이 주석을 맡았다.

이렇게 이동녕 내각은 출현되었으나 이미 내외의 정세가 민족진영의 침체 현상을 나타내고 있는 시기라, 임시 약헌이나 고친다고 대세를 호전시킬 수는 없는 일이었다.

조국 광복운동도 그 투쟁 방식이 시대를 달관하는 형안(炯眼)을 가진 혁신적 인물이 절실히 필요했는데 임시정부 수립 이래 편벽된 감정, 몰지각한 자기 고집, 파당 싸움으로 십인십지 사분오열로 구태 의연한 자상천답(自傷踐踏) 중에서 유망한 젊은 엘리트는 이탈해 버리고, 몇몇 민족진영의 소수 지도급 인물들, 그들도 한데 뭉치지 못하고 합합이이(合合離離)를 반복하면서, 임시정부의 법통을 사수해 왔는데 더욱 이 시기는 내외에서 민족의 통일전선(내지의 신간회운동 만주의 3부통일운동 등)이 고조되면서 임시정부 주변에서도 동일한 움직임이 싹트기 시작하였으나, 이렇다 할 만한 업적도 없이 김구를 비롯한 소수의 지도자들이 주로 재미동포가 보내는 달러로 기식엄엄(氣息奄奄)한 임시정부를 유지하고 있었다.

이러한 내외 여건 중에서 조각한 이동녕 내각은 그 어느 때보다도 침체기의 내각이며 쇠퇴기의 내각이라고 표현할 수 있다. 남다른 고난을 겪으며 임시정부를 지켜온 내각이었다. 일제가 만주사변을 일으키고, 전 세계가 일제의 침략 행패를 목격할 무렵, 이봉창·윤봉길의 의거 업적이 드러날 때까지는 실제로 임시정부의 존재가 유야무야 상태였다.

3. 적이 분석한 임시정부의 상황

 상해 프랑스 조계에 설치하고 위세를 보인 임시정부도, 세월의 흐름을 따라 내홍(內訌)과 외환으로 일장일이(一張一弛)의 상태를 걸어왔는데, 1923년 국민대회가 결렬된 뒤에는 모조리 단결력을 잃고, 세력이 급하게 쇠약해져, 단기간에 일어설 기운이 없이 오늘에 이르렀다.
 왕년에 안창호가 미국에서 돌아와 극력 임시정부 부흥에 힘썼으나, 오랜 시일에 걸쳐 쇠퇴해진 상황을 일조에 만회할 수 없는 일이어서 겨우 미국 교민단에서 보낸 약간의 금액을 유일한 수입으로 하여, 그 유지비를 충당하고 있었다. 경제의 궁핍이 극도에 달하자 임시정부 현하의 상태는, 비용이 필요한 사업을 하기에는 불가능했으며 위원들도 생활상 또는 활동에 전력을 기울이기가 어려웠다. 겨우 3·1 기념일이나 인성학교 졸업식 등에 즈음하여 인쇄물을 배포하여 민중의 사기를 돋우는 데 불과했다. 장래 경비 관계 여하에 대하여서는 그 존립이 위태로운 형편이었다.
 임시정부 소재지는 프랑스 조계 백래니 몽마량로 보경리(白來尼夢馬稂路普慶里) 제4호에 설치하였다.
 프랑스 조계에 있어서 임시정부는 설립 후 경제적 궁

핍으로 이미 여러 차례 이전하였으나, 당시 가옥은 1926년 3월경 프랑스 조계 포석로(蒲石路) 제14호에서 이전한 곳인데, 집세가 36달러로 중국인으로부터 빌린 2층 건물은 구식 양관으로 2층을 사무실로 충당하고 아래층을 집회 장소로 사용하였다. 집회장에는 항상 태극기를 게양하고 의자 몇 개를 놓았으며, 재무부장 김갑이 이를 보관하는 임무를 맡고 있었다. 집세는 미국 교민단에서 보낸 돈과 안창호·김창세(공무국(경찰국) 위생과에 근무중인 자로 상당한 수입이 있었음) 등의 출비로 지불하고 있었으나, 이것도 고정적인 수입이 아니므로 항상 집세 같은 것도 체납되는 경우가 많을 정도로 경제적 곤란은 이만저만이 아니었다.

임시정부 장래 유지책에 대해서는 본년(1928년) 3월 1일 독립기념일에 이동녕·김규식·김갑·오영선(吳永善) 등 위원들이 협의한 결과, 김규식이 미국에 있을 때부터 친지로서 상해에서 상당한 재산을 가지고 있던 서병규(徐秉奎;당시 상해 세관에 근무하며 월 4, 5백 달러의 수입이 있었고 또 상해 북사천로(北四川路)에서 지성공사(志成公司)라는 무역업을 경영하고 있던 자)에 대하여 김규식을 중간에 개입시켜 임시정부 유지비로 연 5백 달러의 기부를 교섭하기로 되어 있어서 본년 4월 5일 김규식은 서병규와 교섭한 결과, 서씨는 명년(1929년) 10월이면 세관을 만기 사직할 것이므로 그때 다시 교섭에 응할 뜻으로 회답하였다. 임시정부측은 그때까지의 유지비로 재미 교민단에 대하여 4월 12

일 1백 달러를 송금하라고 타전(打電)한 사실이 있으며, 목하 다른 방면으로부터의 수입은 없는 형편에 있었다.

그 다음 안창호는(1930년) 부르짖기를, '임시정부는 명실 상부하게 현대 조선인의 기대에 부응하지 못하므로, 차라리 임시정부를 해체하고 시대에 순응한 전조선 민족운동의 중심기관을 설립하여, 오랫동안 침체된 민족운동의 발흥을 기대함만 같지 않다.' 하여 그 지난해부터 빈번히 한국혁명단(일명 대한독립단)의 설립운동에 열중하고 있으나, 본년 2월 초순 각 방면의 유력한 인사의 양해 하에서 그 조직을 구체적으로 실현할 단계에까지 진행하고 있었다.

한편 안창호의 임시정부 해체설에 대하여, 종래 동정부에 인연이 깊은 이동녕·김철 등은 반대 의사를 표하고, 다시 정무의 면목을 일신하기 위하여 국무위원의 증원을 행하였다. 앞서 (1928년 7월) 국무위원 외무장 오영선의 사직과 동시에 조소앙이 보선되고, 다시 그 지난해 11월 18일 김구·이동녕·조완구·김철이 당선되는 등의 형편이었으며, 그 부무 담임은 다음과 같다.

국무위원장 겸 법무장 이동녕
내무장 조완구   외무장 조소앙
군무장 김 철   재무장 김 구

4. 변모하는 내외 정세

앞에서 지적한 김구가 언명한 쇠퇴 원인 외에도 객관적 불리한 여건이 얽히고설켜서 임시정부 자체의 사업뿐만 아니라 독립전선 전반에 걸쳐서 침체 상태를 면하기 어렵게 되었다.

이미 서술한 바 만주정권과 조선총독부 당국과 결탁한 삼시이며, 베르사유 체제의 붕괴와 1929년 세계적 경제공항의 여파와 대두하면서 있던 국제 파쇼의 준동은 직접·간접으로 우리 운동에 커다란 악영향을 끼쳤다.

(1) 일제 군벌의 도량(跳梁)

일본 제국주의는 소위 명치 군벌의 대본존(大本尊)이라 칭하는 육군대장 전중의일(田中義一)가 1927년 4월 19일 정우회(政友會) 총재가 되고, 다음날 전중 내각이 조직되면서부터 못된 침략정책과 안으로는 극단적 탄압정치를 자행하여 노골적이고 적극적인 일제 군벌정치의 본성을 드러내고 말았다.

대외적으로는 산동 출병을 감행하여, 장개석(蔣介石)이 통솔하는 국민혁명군의 북벌을 방해하고, 중국의 시대 착오적인 봉건 군벌을 매수 이용하다가 자가당착(自

家撞着)의 행위도 꺼리지 않는 그들의 만행이 절정에 달하는 암흑시기, 공포시기를 만들어 냈다.

그 일례로, 한동안 이용할 대로 이용하다가 1928년 6월 4일 봉천 교외 소가둔(蘇家屯) 부근에 하본(河本) 대좌를 시켜서 장작림(張作霖)을 폭살한 것이라든지, 대내적으로는 나치스·파시스트의 극악한 면만을 모방하여, 저들 국민·동포를 억압하는 법률을 가작하여 노동운동의 탄압, 인민 대중의 여론과 자유운동을 억압하는 소위 치안유지법을 만들어 인민을 억압하다가, 그것도 악귀 같은 심정에 차지 않았던지 재판도 받기 전에 죽여 버리는 예가 빈번하였다.

그 일례로 소림다희(小林多喜) 같은 청년의 참살이었다.

왕년 대삼영(大杉榮) 가족 3명(8세 된 어린아이까지)을 학살한 감백 같은 놈을 살인자로 벌을 주기는커녕 도리어 중용하여, 만주 침입시기에는 앞장까지 서게 한, 인도주의가 땅에 떨어지게 암흑시기를 빚어 냈고, 반면에 만분의 일도 못 되는 특권 계급의 무리는 욱일승천(旭日昇天)의 세로 횡행하여, 궁심지지락(窮心志止樂)을 만끽하던 시기가 전중군벌이 군림하던 때로부터 비롯한다.

이와 같이 제 동포 제 국민에게까지 잔행을 기탄하지 않는 일제의 무리 속에 우리 한족에 대한 태도는 탄압이니 억압이니 하는 숙어 이전의 문제였다.

즉 민족 말살정책, 민족의 고유한 일체의 모든 것을

소멸시키려는 역사의 말살이었다.

이러한 시기에 일부 민족 반역의 도량도 무시 못할 존재여서 우리 광복운동은 전반적으로 지하로 들어가지 않을 수 없게 되었고, 해외에서도 재미동포, 재로 동포사회를 제외하고는 만주대륙이며 북경·상해를 활동무대로 하던 우리 운동은 당분간 침체상태에 빠지게 되었다.

1920년대 후반기에는 국내에서 송학선(宋學先)의 금호문(金虎門) 의거나 나석주(羅錫疇)의 의거가 한때 울분에 찬 민족의 피를 끓게 하였을 뿐 각지에서 일어나는 노동운동쟁의가 속출하여, 인민 대중의 레지스탕스 경향을 나타냈으나 그것도 그때그때의 적의 탄압으로 종식되고 마는 실정이었다.

일제의 군벌정치는 이 시기부터 대천주명(大川周明)·평소기랑(平沼旗郞) 같은 인물을 내세워 나치스·파시스트의 시대착오적 역행을 모방케 하여 전체주의의 첨단을 걷기 시작하였다.

(2) 9·18사변과 우리의 독립전선

일본제국주의가 전체주의의 첨단을 걷게 된 이면에는 그럴만한 당위성이 없던 것은 아니었다. 1929년경 세계적 경제대공황의 여파로 기초가 약한 일본 자본주의의 경제도 흔들리지 않을 수 없게 되었으며, 실업자의 속출, 노동문제, 농민문제 등등, 다각적으로 벌어져 가는 사회문제와, 침략전으로 강도질한 장물에 재미를 본 일제의 특권층과 침략전을 출세와 승전의 최선의 수단으로 보는 일본인들의 야망으로 어느 곳에서든 전쟁을 일으켜야 되겠는데 그 대상이 만만한 중국대륙, 그 중에서도 다년간 침을 삼켜 온 만주대륙이었다.

일제는 만주를 생명선이라 여기고 4반세기 동안 러시아로부터 양도받은 남만 철도 연선을 중심으로 경제활동을 전개하면서 만주에 군림한 장작림 정권을 매수하여, 일제 괴뢰의 정권으로 삼으려고 갖은 음모와 고육지계를 써서 한동안은 어느 정도 성과를 거두었다. 금수와 같이 탐욕에 찬 일제의 군인들은 거기에 그치지 않고 마침내 터무니없는 구실인 만보산 사건, 중촌의 죽음, 유조구(柳條溝) 만철선 폭파 등을 날조 과장하여, 무명지사(無名之士)를 일으켜 만주대륙을 유린하고 (9·18사변), 괴뢰정권을 만들어 한간(漢奸)들을 이용하여 그 여위(餘威)로 만리장성을 넘어온 중국을 유린하려는 태세를 갖추면서 일시적일망정 욱일승천(旭日昇天)의 형세로 행패를 자행하였다.

이와 같이 왜적이 날뛰는 반면에 우리의 독립전선은 당분간 전면적으로 침체상태를 면할 수 없게 되었는데, 9·18사변을 분수령으로 하여 모든 양상도 변모해갔다.

제국주의자들은 타민족 타국가를 정복해 놓고는 반드시 그들의 죄악사를 엄폐하기 위한 양두구육적(羊頭狗肉的) 기구를 만드는 버릇을 잊지 않았다. 일제가 만주를 정복하고 몇몇 기구를 만드는 가운데 협화회(協和

會)는 그 중에서도 대표적인 기관이었다. 중국의 손중산의 주장으로 내세운 오족협화는 한만몽회장(漢滿蒙回藏) 등 5개의 민족을 대상으로 한 것이었는데, 일제가 협화회라는 앞잡이 기구의 이름으로 떠드는 오족 협화는 한·만·몽·조선·일본 민족 등을 대상으로 한 것이었다.

이 간판을 내걸고 지난날 항일 독립투쟁을 몸소 실천한 역사를 가진 자라도 귀순만 하면 과거를 묻지 않겠다는 적의 교활한 선전에 굴복하고, 상당수의 인물이 지조를 헌신짝처럼 내버리고 일제의 무리에게 굴복하고 말았는데, 그 중에는 한때 우리 독립운동선에서 각광을 받던 인물도 섞여 있었다.

예를 들면 남만주 정의부에서 지도적 구실을 했던 김이대(金履大)·고할신(高轄信) 같은 자와 남북만주에서 소위 3탁으로 알려져 성망이 높던 인물 중의 한 사람이었던 이탁(李沰)도 변절한이 되고 말았다. 3탁 중의 이탁(李倬)·이탁(李鐸) 등 두 분은 시종 한결같이 절개를 지킨 분이다.

일일이 지적하지 않으나 상해·북경 등 관내에서 활동하던 지도급 인물 중에도 앞서 김구가 지적한 인물 외에도 그 뒤에 상당수가 절개를 폐의(廢衣)처럼 버리고 일제에게 아부한 사실이 빈번하였다.

사실은 일제의 회유책에 넘어간 인물 중에는 몇 가지 부류가 있었는데 양심의 가책을 받으면서도 고식적 안일감에 지배되어 적에게 귀순한 자와, 본래부터 독립운동을 위하여 나섰던 것이 아니라 허세 수단과 명예욕, 또는 생활수단으로 독립전선에 기생하였던 자들이 대부분이었다.

 이와 같이 내부적으로 독립전선 자체 내에서 변절 이탈자가 속출하고 일제의 도발과 이간으로 만보산 사건, 국내에서의 중국인에 대한 박해사건 등으로 중국인의 악감정을 유발하여, 한중관계가 악화되는 등 중국대륙을 활동무대로 하고 싸우는 우리 독립운동은 전반적으로 가장 어려운 시기에 봉착하였다.

 한민족의 본의 아닌 사태로 말미암아 악화된 중국인의 감정을 호전시키고, 침체된 독립전선에 활력소를 불어넣은 1932년 봄, 이봉창·윤봉길 의거를 계기로 독립운동은 차차 호전되어 갔고, 시국의 귀추도 비로소 희망으로 바뀌었다.

제4장 임시정부의 전환기

1. 효과 거둔 의열투쟁

(1) 이봉창의 동경 의거

 독립전선은 거센 풍상 중에서 침체상태에 빠져 있는 가운데 일제가 무력으로 만주대륙을 석권해 버렸으니 남북의 산하를 발섭(跋涉)하면서 발분망식(發奮忘食)하고 싸우던 독립투사들의 취할 길은 매우 험난하여졌다.

 그래서 이 시기를 계기로 항일 독립투쟁도 그 양상을 달리하여, 과거에 조직되었던 기존 단체는 대개 사라지고, 장백산지대를 비롯하여 만주 산악지대에서 유격전을 선개하는 섦은 의혈 용사들과 남만지역에서 활약하고 있는 양세봉(梁世奉)을 비롯한 혁명군의 존재는 괄목할 만하였다.

 이 시기에 상해에 있는 대한민국 임시정부도 험난한 파도 속에서 몇 분의 강철 같은 의지와 견인력으로 간판만은 사수되어 왔다. 그러나 일제 간흉배의 도량과 일반 민심의 해이로 임시정부도 어떤 새로운 계기를 마련치 않아서는 안 되겠다는 기대를 갖고 있던 차 이봉창 같은 의혈용사가 나타나게 되었다.

 이봉창의 집안은 본래 수원에 있었는데 부모가 소유한 땅이 철로 부근 지대에 있다는 이유로, 일본인에게 불법적으로 수탈되어 생계를 이을 길이 막연하자 서울

용산으로 옮기니, 그는 1900년(庚子) 이곳에서 출생하였고, 마지막으로 고국을 떠날 때에도 그의 집은 용산에 있었다. 그는 빈한한 까닭으로 배울 형편이 못 되어 근근히 가정에서 글씨를 익히고 10세 이후에야 용산 문창 보통학교에 입학하여 4년 후에 졸업하였다. 그 뒤에 어느 일본인의 고용살이를 하게 되었다. 19세 때에 다시 용산 정거장에서 기차 운전 견습생이 되기도 하였고, 4년 후에 일본 오사카로 떠났다. 그는 일본인의 고용살이에서 뼈저린 굴욕을 느꼈고, 또 용산에서 겪은 3·1운동의 자극을 받아 뜻한 바 있어 일본으로 향하였다. 그는 오사카(大阪)·나고야(名古屋) 등지를 편력하면서 일본어와 습속에 어느 정도 젖을 수 있었다. 가슴속에 품은 일편단심으로 적국에 잠복해 있기를 6년, 마침내 그는 평소부터 동경하던 대한민국 임시정부의 소재지요, 수많은 우국지사들의 근거지인 상해로 향하였다.

그는 임시정부의 요인 김구를 찾아가 자기의 포부를 말하여 살신성인할 길을 인도해 줄 것을 간청하였다. 김구는 이봉창이 해야 할 일에 대한 준비를 서둘렀다.

그로부터 상당한 시일에 걸쳐서 김구는 자금과 폭탄 2개를 준비하였는데 한 개는 상해 병기창에서, 또 한 개는 하남성 유치(劉峙)에게서 구해 온 것이며 모두 수류탄이었다. 한 개는 일본 천황을 처단하는 데 쓰고, 한 개는 이봉창 자신의 자결용이었다. 1931년 12월 중순 김구는 이봉창을 비밀리에 프랑스 조계 중흥여사로 청하여 하룻밤을 새우며 갖가지 의논을 하고 다음날 안공근(安恭根)의 집에 가서 선서식을 올렸다. 그는 이봉창에게 자금과 폭탄을 건네주고 기념사진을 찍었는데, 이봉창의 요청으로 서로 웃는 낯으로 찍었다. 그리고 최후 작별을 하였다.

당시 독립전선의 형세로 보면 전선의 사기를 앙양하는 점으로 보나, 또는 만보산 사건, 국내의 일부 몰지각한 무리들이 왜놈의 모략에 넘어가 무고한 중국인을 박해한 결과로, 중국인의 한국인에 대한 악화된 감정을 전환시키는 어떠한 조처가 있어야 했다. 그리하여 임시정부에서 결의하기를, 한인 애국단을 조직하여 암살과 파괴공작을 하되 돈과 사람은 김구가 전담하기로 하였다. 이 애국단이란 명칭은 실제로는 가공적인 것이다. 그 이유는 한민족의 자주독립이란 숭고한 목적을 달성시키려는 수단으로 사람도 죽여야 되고 파괴도 하여야 되는데 대한민국 임시정부의 이름으로 사람을 암살하였다는 것은 임시정부의 위신에 저촉되므로 「한인애국단」이란 명칭을 사용하게 되었다.

그래서 사실은 지휘자도 임시정부의 요인이며, 집행자도 임시정부의 사명을 걸머지고 행하는 것이나 거사 후에는 반드시 한인애국단원으로 자처하게 되어 있었다.

이와 같이 임시정부의 요인 김구와 오랜 시일에 걸쳐서 숙의를 거듭하고 준비를 완료한 이봉창은 1931년 12월 13일 김구와 최후의 작별을 하고 장도에 올랐다.

그 뒤 해가 바뀌어 1932년 1월 초에 김구는 이봉창으로부터 다음과 같은 마지막 전보를 받았다.

'상품은 1월 8일 꼭 팔아 버리겠으니 안심하소서.'

그것은 말할 것도 없이 이날 일본 천황을 처단하겠다는 뜻이다. 김구는 전보를 받고 자나깨나 좋은 소식이 오기만 고대하고 있었다. 과연 1월 9일, 세상을 놀라게 한 소식이 각 신문에 실렸다. 중국 신문에 '한인 이봉창 저격 일황 불행 부중(韓人李奉昌狙擊日皇不幸不中)'이라고 한 동경 전보가 신문에 뚜렷이 게재되었다. 6월 8일 일본 왕국의 서편에 있는 앵전문(櫻田門:사쿠라다)과 경시청 사이에서 일본 천황이 탄 마차를 향해서 2개의 수류탄을 던져, 비록 오중부거(誤中副車)는 되었을 망정 적의 가슴을 서늘케 하고 적의 군중들이 아우성칠 때 그 자리에서 이봉창은 품속에서 태극기를 꺼내 들고 뒤흔들며 대한독립만세를 세 번 부르고 조용히 적의 포박을 받았다.

이 거사는 다음 4개월 후에 윤봉길이 백천(白川) 등을 처단한 것처럼 목표물을 처단하지는 못하였으나, 그때 미친 영향은 극히 컸다. 근본 목적이 사람 죽이는 데 있지 않은 것이어서 의거 결과가 어느 정도의 효과를 거두었는가를 평가하여야 한다. 망국노의 서러움에 복받친 한민족으로서 나라를 강탈한 침략국의 원수에 대해서 직접 죽음의 폭탄을 던진 것은 이봉창 한 사람뿐이었다. 대상자의 목숨은 연장시켜 주었으나, 정신적으로는 죽인 것이나 다름없는 것이다. 극소수의 이완용 같은 주구배 몇 놈을 제외한 배달민족의 핏줄을 이어받은 자 중 어느 누가 이봉창 같은 의로운 사람의 거사에 공명하고 동정하지 않으리오.

이 거사는 같은 해 9월 16일 동경 대심원에서 소위 제1차 공판을 하고, 또다시 9월 말일 오전 9시 15분에 사형을 선고하여, 마침내 같은 해 10월 10일 오전 9시 2분에 이봉창은 이 세상을 떠나고 말았다.

이 거사로 말미암아 청도(青島) 시당부와 상해에 민국일보사가 일본 군대와 경찰에게 파괴되고 봉쇄를 당하였다.

이 거사의 기사를 그 밖에도 장사(長沙) 등 여러 신문에서도 '불행부중(不幸不中)'이라는 문구를 게재하여, 일본측이 중국 당국에 엄중히 항의한 결과로 '불행'이란 구절을 쓴 신문사는 모두 폐쇄를 당하고 말았다.

이같이 불행이란 문구를 들고 일본 천황에 대한 불경하는 태도라 하여 트집을 잡는 왜놈에 대하여 내심 가소롭게 여기면서도, 당시 중국의 군사력이 일본을 제압할 만한 자신이 없으므로, 울며 겨자 먹기로 중국 당국은 우선 눈가림이라도 해야 만주를 노략한 침략 일군의 호시탐탐 덤벼드는 예봉을 피하겠기에, 불행이란 문구를 게재한 각 신문사를 폐쇄시켰다. 그런데, 그때에 또 말썽을 일으킨 사건이 상해에서 발생하였다.

일본 일련종(日蓮宗)파의 승려가 중국인에게 맞아 죽은 사실인데, 이것은 필자가 과학적 자료를 가지지 못하였으므로 여기에서는 단정하지는 않겠다. 그러나 항

간에서 특히 사계에 관심을 가진 식자층의 여론은, 왕년 일본측이 훈춘(琿春)에서 훈춘사건을 일으킬 때 제국민 몇 명까지 참살당하게 한 사건을 그럴듯하게 조작하듯이, 이번 일본 승려 피살사건도 일본측이 중국인을 매수하여 조작한 사건이라고 한다.

하여간 침략군이 1932년 1월 28일 상해에 상륙한, 소위 「1·28 상해사변」이 발생하였다. 그러나 상해사변이 일어나게 한 배경은 주로 이봉창의 사쿠라다문 의거였다.

이 사건은 태평양전쟁의 서막이라고도 할 수 있는 것이어서 결과적으로는 일본 군벌의 몰락을 재촉하는 계기를 만든 것이 되므로, 한민족 독립운동에 끼친 이봉창의 업적은 실로 거룩하였다.

(2) 1·28상해사변

1932년 1월 28일 일본의 해군 육전대가 중국의 채정해(蔡廷楷)가 통솔하는 19로군과 충돌한 상해사건이 발발하였다.

이 사건을 일으킨 동기는 일본군이 매수한 중국인이 탁발 중에 있는 일련종의 일본인 승려를 죽게 해 놓고, 상해시 정부에게 항일단체 해산 요구를 하는 한편 해군 육전대가 일방적으로 경비구역을 확대하여 중국측을 얕잡아 본 침략전이다. 여기에는 몇 가지 침략자측의 내부적 사정이 포함되어 있었다.

즉 만주대륙을 단시일에 석권한 침략 왜놈의 교만한

태도는 그 여위(餘威)를 빌려 일거에 중국의 심장부를 침공하려는 일제침략군의 악착스런 야망에서 출발한 것은 물론이나, 당시 그들이 구실을 만들어 저돌적으로 상해를 침공한 내부적 원인은 침략자 자체의 육군과 해군의 더럽고 잔인한 시기심, 경쟁심이 일으킨 결과였다. 즉 만주대륙을 석권한 것은 주로 육군이 단행한 것이어서, 강도질한 장물도 일제 육군이 독차지하였다. 그러므로 흉기를 사용한 놈들 나름의 공적도 육군이 독차지하였으니, 침략행위에 참가하지 못한 일본 해군으로서는 그들 나름의 공적도 세울 기회가 없었고 만주에서 일본 군인들이 독차지한 것처럼 강도질한 장물을 얻을 기회도 얻지 못하였으므로 해군측의 시기심과 불평은 대단하였다. 그러므로 어디서든 일본 해군들은 침공할 장소를 물색할 절대 필수조건이 있었던 것이다.

이러한 착잡한 이유로 상해사변이 발발하였는데, 상해는 침략자들이 거의 피흘리지 않고 석권한 만주처럼 그리 간단한 것이 아니었다. 중국 최대의 도시 상해는 노동자·시민·학생들의 민족의식이 맹렬하게 앙양되고 항일 감정이 절정에 달하였던 시기였다.

일본 침략군은 재류 일본 거류민까지 충동질시켜 갖은 만행을 다하기 시작하였다.

같은 해 1월 20일에는 일본 승려들까지 패군 작당하여, 상해 양수포(楊樹浦)에 있는 중국 삼우실업사(三友實業社) 공장으로 밀려와서 불을 지르고 행패를 하였는데 출동한 공동 조계 중국 경찰과 충돌하여 피차간에 수많은 사상자를 내었다. 이렇듯 중국인에 대한 일본인의 집단적 행패가 자행되자, 인내력이 강한 중국인이라 할지라도 더이상 참을 수가 없었다.

1월 27일 촌정(村井倉松) 상해 총영사는 24시간 기한부로 상해 당국에 대해서 승려 살해사건에 대한 시장의 진사(陳謝)·가해자 처벌·피해자에 대한 배상·배일운동 취체 등을 요구하였고, 중국측은 다음날인 28일 오후 3시, 마지못하여 일본측의 요구 전부를 승낙하였다. 그러나 문제는 여기서 해결된 것이 아니었다. 한 걸음 양보하면 두 걸음 앞서려는 일본측의 속셈, 특히 전술한 대로 일제의 해군은 육군이 만주 침략에 성공한 것을 시기해 온 터라 해군으로서는 기회만 노리고 있었으므로 중국이 어떠한 양보를 한다 해도 당시로서는 피에 굶주린 일제의 행패를 미연에 방지할 아무 방법도 생각해 낼 수 없는 실정이었다.

이날 밤 12시경 북사천로(北四川路)에서 중일 양군의 충돌이 있었다. 또 다음날 29일 갑북(閘北) 일대에서 벌어진 전투에서는 중국군의 격렬한 저항을 받고 일본 해군의 육전대가 고전에 빠졌다. 이때에 영국·미국 총영사의 조정에 의해서 일시 정권협약이 성립되고 휴전회의가 열렸으나, 결론을 얻지 못하고 그 뒤 작은 충돌이 있었다.

그 다음 일본 해군측은 육군에 대해서 상해에 병력을 증원해 달라는 요청을 하고, 제3함대를 새로 편성하여 야촌길삼랑(野村吉三郎) 해군 중장을 제3함대 사령관으로 하고 상해 방면의 전투를 지휘케 하였다. 그리고 동시에 일본 육해군의 양쪽 수뇌부가 육군 병력 파견에 대하여 지휘권을 서로 다투어 해군은 독자적인 문제를 해결하는 실적을 만들려 하였고, 육군은 해군이 그들의 주장을 변경치 않는다면 육군을 파견치 않겠다고 협박까지 하였다.

해군 육전대가 고전에 빠지게 되자, 해군측은 육군에 굴복하지 않을 수 없게 되었다. 생각하면 강도적 침략군끼리도 서로 시기하는 것이 가소롭기도 했다.

마침내 2월 5일 일본측은 구류미(久留米:구루메) 제12사단으로부터 혼성 제24여단을 급파함과 동시에 금택(金澤:가나자와) 제9사단을 파견키로 하였다.

중국측은 채정해(蔡廷楷)가 총솔하는 제19로군과 중앙군 제5군장 장치중(張治中)의 참전으로 일본 군대에 대한 상해 공방전이 치열해졌다. 당시의 중국 실정으로는 중앙군이 전면적으로 나서서 침략군과 자웅을 겨룰 만한 자신이 없었다. 국부(國父)로 숭앙하던 손문의 연아용공(聯俄容共) 정책은 손문이 서거한 뒤 차츰 반공노선으로 바뀌어져서 장개석이 이끄는 국민정부는 북벌이 성공한 뒤부터 각 지역에 할거하고 있는 전시대적썩은 군벌 타도를 중단하고 홍군(紅軍) 공격에 여념이 없었다. 그래서 일제 침략군이 중국의 심장부를 찌르려는 태세를 취하여도 남경 주위에 있는 4십만의 홍군이 두려워서 침략군에 대항할 자신을 잃고, 중국 인민 대중의 기대를 걸머지고 나선 제19로군을 경제적으로만 뒷받침하려고 하였다.

상해 부근을 지키고 있던 19로군은 본래는 광동파의 지방군이었는데 내전(內戰)의 경험을 쌓은 정예군대로서 민족의식이 가장 강한 남중국 출신자로 형성되어 있었다.

1931년 늦가을, 상해 부근에 배치되면서부터 19로군은 상해의 노동자·학생·시민의 항일 운동의 영향을 강하게 받고, 또 의용병으로서 군에 가담한 학생이며 노동자도 상당수 포함되어 있고, 공동의 적 일제에 대한 연대 감정으로 참가한 한족의 의혈 청년도 상당수에 달했다. 그래서 침입해 온 오만한 적과 시가전을 벌일 때에도 크리크[運河]를 끼고 혈전이 전개되어 일본군은 고전에 빠졌었다. 2월 22일 오만한 침략군은 주제넘게도 소위 폭탄 3용사의 미담을 선전하기도 하였다.

전쟁 도구에 있어서는 침략군의 흉기가 보다 예리하나, 정신력에 있어서는 혁명 과도기에 있는 중국의 혁명적 인민 대중이며, 대다수 젊은 엘리트들이 지지하고 직접 참가하여 항전하는 군대이므로, 채정해가 지휘하는 19로군은 다른 중국 군대와는 본질적으로 달랐다.

시가전을 벌일 때에 건물 하나하나가 토치카처럼 이용되어 적 일본군에게 큰 타격을 입히고 적군을 곤경에 빠지게 했다.

적은 마침내 비열하고 잔인한 수법으로 무방비 지역인 갑북(閘北) 일대를 무차별 폭격하여 수많은 양민을 살상하였다. 그때 상해 북쪽에 병력을 집결한 일본 제9

사단(金澤)은 혼성 제24여단과 해군 육전대를 합해서 1만 7천의 병력을 보유하고 있었는데, 중국군을 일거에 격멸한다는 자만심에 사로잡힌 식전겸길(植田謙吉 : 우에다) 제9사단 단장은 2월 18일 19로군장에 대하여, 중국군을 조계(租界)로부터 20킬로미터 밖으로 철퇴하도록 강요하였으나, 잠꼬대 같은 소리를 들을 리가 만무하였으므로 침략군은 20일 총공격을 개시하였다. 그러나 침략군의 두 차례에 걸친 공격은 모두 실패하였으며 심한 타격만 입고 곤경에 빠졌다.

예상 밖으로 기대에 어긋난 전황에 놀란 일제의 무리들은 증원병력을 보내기로 하고, 선통사(善通寺 : 젠쓰지) 제11사단, 우도궁(宇都宮 : 우쓰노미야) 제14사단, 기타 유력한 포병 부대를 증파하기로 하였다. 또 육군대상 백천의측(白川義則)을 군사령관으로 하고 상해 파견군을 또다시 편성하였다. 상해에서의 침략 행동은 중국에 많은 이권을 가진 영국·미국을 비롯한 열강을 자극해, 그들은 방택(芳澤) 일본 외무대신에게 경고의 메시지를 보냈다.

또 국제연맹 이사회는 중국의 제소에 의하여 이 문제를 놓고 일본 대표의 의견을 무시하고 3월 3일부 중일 양국의 분쟁을 연맹총회의 의제로 채택하기로 결정하였다. 이와 같이 국제적 압력은 군부에만 추종해 온 일본 정부에 커다란 영향을 미쳤다.

이러한 정세 속에서 일본 군벌은 급속히 병력을 집중시켜 한 번의 전투에 승리를 얻어, 면목을 세운 다음,

연맹총회까지 정전을 하는 방향으로 이끌려고 하였다. 그래서 상해 파견군의 선견부대 제11사단을 급송시키고 해군의 반대에도 불구하고 양자강을 거슬러올라가 3월 1일 칠료구(七了口:치리오커우) 부근, 중국군의 배후에 상륙함과 동시에 제9사단도 공격을 개시하였다.

배후로부터 위협을 받은 제19로군이 3월 2일 퇴각하여 겨우 면목을 세운 일본군은 3월 3일 전투 중지를 성명하였다. 3월 하순부터 중일 양국 및 관계 영·미·불·이 4개국 대표에 의하여 정전회담이 상해에서 열렸으나 교섭은 난항을 계속하다가 연맹총회에서의 협정안 채택을 거쳐서 일본군의 철퇴를 결정한 정전협정이 5월 5일에 성립되었다.

상해 공방전의 결과 19로군의 용전분투는 중국 국민의 피를 끓게 하였고, 채정해 사령관의 명성은 그 누구보다도 혁혁하였다. 당시 중국 국민의 공공기관이나 어느 사설기관이나 채정해 장군의 사진이나 초상화를 걸지 않은 곳이 없을 정도로 각광을 받은 영웅이었다.

일본측의 입장을 논평한다면, 상해사변은 만주 점령의 몇배나 되는 손해를 입으면서도, 아무것도 얻은 것 없이 일본 제국주의의 큰 실패로 끝을 맺었다. 그것은 제일 먼저 중국의 민중과 제19로군의 치열한 저항의 결과였다. 일본 제국주의의 침략군은 중국군이 예상 이상으로 힘을 발휘함으로써 쓰라린 고배를 마셨다. 제9사단 소속의 제7연대 대장인 공한승(空閑昇) 소좌는 포로가 되어 송환된 뒤에 자살했다.

이러한 패배를 감추기 위해서 소위 폭탄용사의 이야기를 과장적으로 선전한 사실은 모두 일본 군벌의 무리가 저질러놓은 죄악사와 약점을 위장하기 위한 작희에 불과하였다.

(3) 윤봉길의 상해 의거

중국 국민의 악화된 한국인에 대한 감정은 이봉창의 동경 의거로 말미암아 조금 호전되었다.

일본 군벌의 만주 강점과 상해 침공 등으로 국제적인 미움을 받으며 일본이 앞으로 당해야 할 시련을 우리 독립운동자들이 내다볼 때에, 희망적인 기회가 닥쳐올 것처럼 믿어졌으며 임시정부의 입장도 호전되어 가는 듯하였다.

당시 임시정부의 실정은 1926년 12월 김구가 국무령으로 선임되면서부터 1930년 11월까지 재임하는 기간중에는 이미 서술한 바 임시정부의 간판을 겨우 유지할 뿐으로, 이렇다 할 만한 보람 있는 사업도 없이, 주로 국무령 김구가 미국에 있는 동포들에게 서신을 통해서 극심한 곤란을 호소하여 애국적인 재미 동포들로부터 보내오는 달러로 겨우 간판을 유지해 온 것인데, 이봉창의 동경 거사가 있은 뒤 미주와 하와이 동포들로부터 많은 격려의 편지가 오고, 그 중에는 이번 중일전쟁에 우리도 한몫 끼어 중국을 도와서 일본과 싸우는 일을 하라는 동포도 있었고, 적당한 사업을 한다면 거기에 필요한 자금을 마련하겠다는 동포도 있었다.

김구는 1930년 11월 국무령을 사퇴하고 임시정부 체제가 위원제로 개편되어 국무위원으로 이동녕·김구·조완구·조소앙·김철·이시영 등이 선임되고 이동녕을 주석으로 추대하여 새 출발을 하게 되었는데, 적에 대한 암살과 파괴에 주력하기로 하였다. 여기에 대한 일체의 책임은 김구가 맡기로 하고 이 사업을 실시할 인물을 물색중이었다.

 전에 김구가 믿고 있던 그의 제자며 동지였던 나석주는 벌써 연전에 서울 동양척식회사에 들어가 7명의 적을 쏘아 죽인 후 자살하였고, 최근 김구가 새로 얻은 의혈 청년 이덕주(李德柱)·유진식(兪鎭植)은 조선총독을 암살할 사명을 띠고 본국으로 잠입한 상태였다. 또한 유상근(柳相根)·최흥식(崔興植)은 관동군사령관 혼쇼시게루(本庄)를 암살할 사명을 띠고 만주로 갔으니, 당장 김구가 계획하는 혁명사업에 적합한 인물을 찾고 있던 중에 윤봉길이 나타났다.

 윤봉길은 동포 박진(朴震)이 경영하는, 말총으로 일용품을 만드는 공장에서 일하다가 근래에는 홍구(虹口) 소채 시장에서 채소장사를 하던 인물로 그는 애초부터 큰 포부를 가지고 상해로 왔으며, 채소를 가지고 와서 왜적이 우글거리는 홍구 등지로 돌아다닌 것도 어떤 기회를 기다렸던 것이다. 이제는 중일간의 전투도 끝이 났으니, 아무리 보아도 죽을 자리를 구하기가 어렵다고 판단한 뒤에 임시정부의 김구를 찾아와서 동경 앵전문(櫻田門) 앞에서 일본 천황을 죽이려다 오중부거(誤中

副車)는 하였으나, 상해 1·28사변을 일으킨 동기를 만들고, 간접적으로는 조국 해방의 시일을 단축시키는 데에 커다란 효과를 거두었던 의거, 그런 계획이 있으면 자기를 써달라는 것이었다.

왜적들은 이번 상해전투에서 이긴 것처럼 선전하며 의기양양하여, 오는 4월 29일에 홍구공원에서 그놈들이 소위 천장절 축하식을 성대히 거행한다는데, 이는 왜적들이 골탕을 먹은 것을 감추고 큰 승리나 거둔 것처럼 세계 열국과 외교관이 많이 있는 국제도시 상해에서 주제 넘게도 놈들의 위세를 과장하려는 속셈으로, 천장절 축하식의 이름을 빌려 온 일종의 시위행사였다.

윤봉길은 김구가 설명하는 이상의 사실 내용을 다 듣고 난 뒤에,

"여기에 대한 거사는 제가 집행하겠습니다. 이제부터는 마음이 편안하겠습니다. 준비해 주십시오."

하는 윤봉길의 얼굴에는 일본 제국의 괴수를 단번에 삼켜 버릴 듯한 굳센 의지가 역력히 나타났다.

그후 일본 신문인 〈상해일일신문〉에 천장절 축하식에 참여하는 사람은 점심 도시락과 물통 하나와 일장기 하나씩을 휴대하라는 포고가 났다. 신문을 보고 김구는 상해 병공창장 송식마(宋式馬 : 일명 驫)에게 교섭하여 일본인이 둘러메는 물통과 도시락 그릇에 폭탄장치를 하여 3일 안에 보내 주도록 부탁하였더니, 왕웅(王雄: 金弘一)이 다녀와서 말하기를 김구가 친히 병공창으로 오라고 한다 하여 가본 결과 왕백수(王伯修)의 지도 아

래 물통과 도시락 그릇으로 만든 두 가지 폭탄의 성능을 시험하여 보여 주었다 한다. 시험한 결과 그 위력이 굉장히 강하였다. 이렇게까지 이 병공창에서 정성을 들인 까닭은 동경 의거에 쓴 폭탄의 성능이 부족하였던 것을 유감으로 생각한 때문이라고 왕백수 기사는 말하였다.

그래서 20여 개의 폭탄을 이런 모양으로 무료로 만들어 준다는 것이었다.

드디어 4월 29일이 닥쳐왔다.

윤봉길은 말쑥하게 양복을 사입고 날마다 홍구공원에 가서 식장 설비하는 것을 살펴서 그 당일에 자기가 행사할 적당한 위치를 고르는 한편 백천(白川) 대장의 사진이며, 일본 국기 같은 것도 마련하게 되었다.

4월 29일 아침, 김구는 윤봉길과 최후의 식탁을 같이 하였다.

식사가 끝나고 시계가 일곱 점을 쳤다. 윤봉길은 자기의 시계를 꺼내어 김구에게 주며,

"이 시계는 어제 선서식 후 선생님 말씀대로 6원을 주고 산 시계입니다. 선생님 시계는 2원짜리니 제것과 바꾸시지요. 제 시계는 앞으로 한 시간 밖에는 쓸 데가 없으니까요."

하고 기념으로 서로 바꾸었다. 그리고 김구와 작별 하고 윤봉길은 자동차에 몸을 실어 장도에 올랐다.

이날 오후 3시에 비로소 신문 호외로 '홍구공원 일인의 천장절 경축식장에 대량의 폭탄이 폭발하여 민단장

하단(河端)은 즉사하고, 백천 대장·중광(重光) 대사·
야촌(野村) 중장 등 문무대관 다수 중상'이라는 기사가
보도되었다.

그날 일인의 신문에는 폭탄을 던진 것은 중국인의 소
행이라고 하더니 이튿날 신문에야 윤봉길의 이름을 크
게 싣고 법조계에 대수색이 일어났다.

윤봉길의 홍구공원 의거가 미친 영향은 지극히 큰 것
이어서, 독립전선의 사기를 앙양시켰고, 만보산 사건
이래 한국인에 대한 중국인의 악화된 감정, 특히 윤봉
길의 폭탄 한 방으로 중국 각지에 흩어져 있는 수많은
재류 동포의 생명 재산을 구원한 셈이다.

중국의 지도자는 언명하기를 '중국의 백만 대병도 불
가능한 거사를 한국 용사가 단행하였다.'는 최고의 찬사
를 써가면서 절찬할 정도로 안중근의 하얼빈 의거 이래
두번째 절찬을 받고 중국인을 감동시켰다.

이 거사 결과 적측의 백천 대장과 하단(河端) 행정위
원장은 중상을 입었다가 며칠 뒤에 절명하고, 중광 공
사와 식전(植田) 중장은 다리를 다쳐 불구자가 되고,
야촌 제3함대 사령관은 한쪽 눈이 멀었다. 이들의 피해
보다도 일제에게 주는 심리적 타격이 더 막대하였다.

윤봉길은 일본으로 압송되어 같은 해 12월 19일 금
택(金澤:가나자와)에서 왜적에게 총살되었다.

이 거사가 있은 뒤에 국민정부 당국이며 조야의 중국
명사들은 이 거사를 지도한 김구를 만나려는 경향이 짙
어져서, 윤봉길의 의거로 유야무야되었던 임시정부를

부흥시켰다고 할 수 있다.

이 일이 생기자 은주부(殷鑄夫)·주경란(朱慶瀾) 같은 중국의 명사들은 김구에게 특별 면회를 청하고 남경에 있던 박남파(朴南坡)의 활동으로 물질적 원조도 답지하였다.

2. 윤봉길 의거 이후의 임시정부

 1930년을 전후하여 임시정부의 간판마저 없어질 뻔 하였으나, 이미 전술한 것처럼 김구를 비롯한 몇 명의 견인불발한 의지력과 성충으로 모든 난관을 극복하면서 주로 미주와 하와이에 재류하고 있는 동포들이 보내주는 달러의 힘으로 애오라지 임시정부의 법통을 이어오다가 윤봉길의 홍구공원 의거로 말미암아 임시정부 활동 전반에 활기를 되찾는 활력소가 되었다. 뿐만 아니라 이 쾌사는 국내 동포들에게도 큰 의기를 불어넣었음은 물론이다.
 또한 중국 조야로 하여금 임시정부의 존재를 재인식하게 하여 그들의 협조를 받을 수 있게 하는 데 큰 힘이 되었다.
 그리고 이 일이 있은 뒤로부터 본격적인 중국 침략 7·7사건이 발생하면서부터 임시정부가 1940년으로 옮길 때까지 남경·항주·가흥(嘉興)·진강(鎭江)·장사(長沙)·광동·유주(柳州)·기강(綦江)·중경으로 전전하면서 비록 짧은 기간이나마 임시정부라는 겨레의 대본영을 아홉 번이나 장소를 바꾸어 가면서 옮겨 다니다 보니 사업이 제대로 될 수가 없었다. 다만 그러한 임시정부의 법통이나마 내외의 여건이 이루어질 기회에 혁명적 역량을 힘껏 발휘하자는 기대에서 만난을 감수하면서 시종 한결같이 나아갈 따름이었다. 또 원시안적으로 대세의 귀추를 보면 시국의 전망은 시간이 갈수록 희망적이고 고무적이었다.

임시정부는 1932년 1월 상해사변이 일어나자 상해에서 활동하기에는 위험을 느끼고 같은 해 5월 절강성 항주로 옮겼다. 1934년 1월 남경에서 임시정부 국무위원회를 열었고, 1935년 11월에는 임시정부 정무원 비상회의를 항주에서 열어 임시정부 본부가 항주와 남경으로 왔다갔다한 혼란기였다.

이렇게 시작된 임시정부 항주시대는 1935년 11월까지 3년 반을 항주에 머물렀다. 1932년 5월 15, 16일의 피난 제1회 국무회의에서는 국무위원인 이동녕·김구·조완구·조소앙·김철이 참석하였으며, 김철이 투숙하는 제2 여사(旅社)의 임시 판공처에서 열려 이 자리에서 임시정부의 선후책을 논의하고 또한 부서 담당의 변경이 있었는데 김구와 김철이 재무·군무를 맞바꾸었으며, 이로써 국무위원들의 부서 담임은 다음과 같다.

법무장　이동녕　　　　내무장　조완구
외무장　조소앙　　　　재무장　김　철
군무장　김　구

(1) 김구와 중국 명사들

그러나 이때 벌써 국무위원간에는 석연치 않은 의혹

의 암류가 흐르고 있었다. 그것은 김구가 윤봉길 의거 후 중국 조야로부터 임시정부에 보내온 미화 5천 달러를 임시정부에 내놓지 않았다는 소문이었다. 그리고 상해 교민단장 이유필(李裕弼)이 한국독립당과 교민단에게 보내 온 5천 달러를 임시정부에 보고하지 않고 있다는 소문이 김철·조소앙에게 알려졌다. 또한 김철·조소앙 등이 상해상회(上海商會)로부터 윤봉길의 유가족과 안창호 가족의 생활 보조비로 보내 온 미화 7천 달러를 움켜쥐고 있다는 소문을 김구측에서 듣고 있어서, 국무회의 석상에서 이에 대한 언쟁이 있었고, 국무회의가 끝나자 김구는 새로 임명된 군무장의 직책을 사퇴하겠다고 하며, 박남파가 동북의용군 후원 회장 저보성(褚補成)에게 교섭하여 주선해 놓은 피난처 가흥(嘉興)으로 이동녕과 함께 떠났다.

김구가 박남파의 주선으로 가흥으로 가게 된 전말이 ≪백범일지≫에는 다음과 같이 서술되어 있다.

"……박남파가 중국 국민당 당원이었던 관계로 당의 조직부장이요, 강소성 주석인 진과부(陳果夫)와 친교가 두터웠고, 신임을 받고 있었으며, 기타 요인 중에 친지가 많아서 임시정부의 대중 외교는 오로지 박남파가 전담하고 있었다.

박남파가 은주부·저보성 제씨에게 주선하여 얻어 놓은 곳으로 이동녕 선생을 비롯하여 엄항섭·김의한(金毅漢) 양군의 가족은 수일전에 벌써 옮겨 와 있었다. 후일에 들은 즉 우리가 피취 댁에 숨은 것이 발각된 것은 우리가 그 집 전화를 남용한 데서 단서가 잡힌 것이라 한다.

기적장강만리풍(奇跡長江萬里風) 나는(김구) 이로부터 가흥에 몸을 붙이게 되었다. 성은 조모님을 따라 장(張)이라 하고, 이름은 진구(震球) 또는 진(震)이라고 행세하였다. 가흥은 내가 의탁해 있는 저보성 씨의 고향인데 그는 덕망이 높은 신사요, 그의 맏아들 봉장(鳳章)은 미국 유학생으로 그곳 동문 밖 민풍지창(民豊紙廠)이라는 종이공장의 기사장이었다. 저 씨댁은 가흥 남문 밖에 있는 구식집으로 그리 굉장하지는 아니하나 대부의 저택으로 보였다. 저씨는 그의 수양자인 진동손(陳桐蓀)군의 정자를 내 숙소로 지정하였는데 이것은 호수가에 반양제로 지은 말쑥한 집이었다. 가흥 수륜사창(嘉興秀綸紗廠)이 바라보이고 경치가 좋았다. 저씨 댁에서 내 본색을 아는 이는 저씨 내외와, 그 아들 내외와, 진동손 내외뿐인데 가장 곤란한 것은 내가 중국말에 통치 못함이었다. 비록 광동인이라고 행세는 하지만, 이렇게도 말을 모르는 광동인이 어디 있으랴……
(중략)

가흥에 와서는 거의 매일 배를 타고 호수에 뜨거나 운하를 오르내리고 혹은 엄가빈(嚴家濱)이라는 농촌의 농가에 몸을 붙여 있기도 하였다.

이렇게 강남의 농촌을 보니 누에를 쳐서 길쌈을 하는 법이나, 벼농사를 짓는 법이나 다 우리 나라보다는 발달해 있어 부러웠다. 구미 문명이 들어와서 그런 것 외에 고래의 것도 그러하였다. 나는 생각하였다. 우리 선인들은 한·당·송·원·명·청 시대에 끊임없이 사절이 내왕하면서 왜 이 나라의 좋은 것은 못 배워 오고 나쁜 것만 들여왔는고. 의관문물실준중화(衣冠文物實遵中華)라는 것이 조선시대 5백 년의 당책이라 하건마는 머리 아픈 망건과 기타 망하기 좋은 것뿐이요, 이용후생에 관한 것은 없었다. 그리고 민족의 머리에 들어박힌 것은 원수의 사대사상뿐이 아니냐. 주자학으로 주자 이상으로 발달시킨 결과는 공수위좌(拱手危坐)하여 손가락 하나 안 놀리고 주둥이만 까게 하여서 민족의 원기를 소진하여 버리니 남는 것은 편협한 당파 싸움과 의뢰심뿐이다. ……(하략)……

이러는 동안에 박남파·엄항섭 등은 줄곧 외교와 정보 수집에 종사하였다. 중국인 명사의 동정과 미주 동포의 후원으로 활동하는 비용에는 곤란이 없었다.

박남파가 중국 국민당원이던 관계로 당의 조직부장이요, 강소성 주석인 진과부(陳果夫)와 면식이 있어, 그의 소개로 장개석 장군이 내게 면회를 청한다는 통지를 받고 나는 안공근·엄항섭 두 사람을 대동하고 남경으로 갔다. 공패성(貢沛誠)·소쟁(蕭錚) 등 요인들이 진과부 씨를 대표하여 나를 맞아 중앙반점에 숙소를 정하였다.

이튿날 밤에 중앙 군관학교 구내에 있는 장개석 장군의 자택으로 진과부 씨의 자동차를 타고 박남파 군을 통역으로 데리고 갔다. 중국옷을 입은 장씨는 온화한

낯빛으로 나를 접하여 주었다. 인사가 끝난 뒤에 장주석은 간명한 어조로 '동방 각 민족은 손중산 선생의 삼민주의에 부합하는 민주정치를 하는 것이 좋을 것이라.' 하기로 나는 그렇다고 대답하고, '일본 대륙침략의 마수가 각일각으로 중국에 침입하니, 벽좌우(壁左右)를 하시면 필답으로 몇 마디를 하겠소.' 하였더니 장씨가 '하오 하오(좋소).' 하므로 진과부와 박남파는 밖으로 나갔다.

나는 붓을 들어, '선생이 백만금을 허하시면 2년 안에 일본·조선·만주 세 방면에 폭동을 일으켜 일본의 대륙 침략의 다리를 끊을 터이니, 어떻게 생각하오?' 하고 써서 보였다. 그것을 보더니 이번에는 장씨가 붓을 들어 '청이 계획서 상시(請以計劃書詳示)'라고 써서 내게 보이기에 나는 물러나왔다.

이튿날 간단한 계획서를 만들어 장주석에게 드렸더니, 진과부가 자기의 별장에 나를 초대하여 연석을 베풀고 장주석의 뜻을 내게 대신 전한다. 특무 공작으로는 천황을 죽이면 천황이 또 있고, 대장을 죽이면 대장이 또 있으니, 장래의 독립전쟁을 위하여 무관을 양성함이 어떠한가, 하기로 나는 이야말로 불감청(不敢請)이언정 고소원(固所願)이라 하였다.

이리하여 하남성 낙양(河南城 洛陽)의 군관학교 분교를 우리 동포의 무관 양성소로 하기로 작정되어 제1차로 북평·천진·상해·남경 등지에서 1백여 명의 청년을 모집하여 학적에 올리고 만주로부터 이청천과 이범석을 청하여 교관과 영관이 되게 하였다. 그러나 이 군관학교는 겨우 제1기생의 필업을 하고는 일본영사 수마(須磨)의 항의로 남경정부에서 폐쇄령이 내려졌다."

(2) 7·7 사건 이전의 임시정부

 앞서 김구가 사퇴하고 가흥으로 갈 무렵, 외무장 조소앙이 사표를 낸 데 이어, 나머지 4명의 국무위원도 모두 사표를 내어 정부는 총사직의 형편에 이르렀다. 사표는 의정원회의에서 처리하는 것이므로 법적으로는 의정원회의에서 보선을 하기 전에는 사퇴가 안 된다.

 이에 앞서 윤봉길 의거 후 사방에 흩어져 있던 요인들 가운데 이유필은 일찍이 상해로 돌아와 대한 교민단을 중국가(中國街)로 옮겨 수습하고 진용을 정비하여, 그가 정무위원장에 취임하고, 그 나름대로의 세력을 이루어 전 위원장 김구 체제가 변경되었다.

 이로써 임시정부계의 독립운동은 당분간 이유필을 중심으로 한 상해파와 조소앙·김철을 중심한 항주파와 김구를 중심으로 한 가흥파로 크게 나누어 볼 수 있다. 그래서 한때는 국무원들간에 항주파와 가흥파로 심상치 않은 대립상을 보이기도 하였다.

 낙양 군관학교 분교는 일제의 준동으로 폐교되었으나, 1937년 7월 7일 중일전쟁의 발발까지 중국측이 임시정부를 물심양면으로 원조하는 방법은, 일제의 눈가림을 하기 위해서도 주의 깊고 세심한 노력을 기울였다.

대일 항전 태세가 아직 자신이 없었으므로 가급적 일제와의 교전을 피하려는 속셈에서, 일제에게 외교상 꼬리를 잡힐 구실을 주지 않으려는 것이 당시 중국 정부의 정책이었다. 그러므로 노구교(盧溝橋) 사건으로 대일 선전포고를 할 때까지 중국 당국은 다각적으로 원조를 하여 두드러지게 눈에 띄지는 않아도 기식이 엄엄(奄奄)해진 임시정부가 이봉창·윤봉길의 의거로 기사 회생할 계기가 마련된 뒤에 실질적으로 임시정부가 명맥을 유지하게 된 것은 오로지 중국 당국으로부터의 원조 혜택이었다.

낙양 군사학교 분교는 폐쇄되었으나 다른 종류의 방법으로 중국 기관에서 훈련받는 청년도 상당수가 있었다. 국민당 중앙 조직부장 진과부는 진영사(陳英士)가 일찍부터 한국 독립운동의 지도층과 교의가 많았으므로, 그도 자기 육친의 뜻을 이어받아 한국 독립운동에 커다란 관심과 동정을 가지고 있는 입장이었으며 또한 국민당의 중진으로 장개석에게 절대 신임을 얻고 있었으므로, 임시정부의 요인 김구와 장개석을 만나게 주선한 것도 진과부의 배려에서 행해진 일이다.

그리고 군사적 관계는 1925년을 전후해서 황포 군관학교 제4회로 입학한 한국 청년들이 졸업 후 한국 독립운동의 중견인물이 되어, 남북만주와 국내 화북(華北) 지방에서 활동하다가 9·18만주사변이 발생한 뒤, 김원봉(金元鳳)을 비롯한 인물들이 황포 학생의 신분으로 학교장 장개석을 만나 한중(韓中)이 합작하여 항일 투쟁을 하자는 비밀문서를 제시하자, 학교장은 정부의 입장을 고려하여 독립운동 지원 임무를 황포 동창회에 맡겨 후일 군사위원회가 독립운동을 협력해 줄 기반을 세우게 되었다.

그 당시 김구는 시설과 활동 비용 등 중국 국민당 중앙 조직부 방면으로부터 지원을 받고, 적의 군사정보에 관한 특수 임무를 맡아, 중국의 당과 정치 각계의 주요 인사들과 수시로 접촉했기 때문에 국민당으로부터 많은 지원과 지지를 받을 수 있었다. 한편 군사 당국은 김원봉 일파에게 많은 재정적 지원을 해준 것 외에 군사 간부를 훈련시켜 만주와 국내로 보내어 독립운동을 전개케 하였다.

윤봉길 거사 후에 일제의 발호로 상해를 떠나게 된 임시정부는 7·7사변까지 남경·항주·가흥·진강을 전전하면서 의정원회의를 제24회부터 제30회에까지 수회에 걸쳐서 개원식을 거행하였으나, 이 시기에는 임시정부로서 별 보람 있는 사업은 없었으며, 국무원과 의정원의원의 빈번한 교체를 결정하는 것이 대부분의 회의 안건이었다.

그리고 이 시기에는 독일·이탈리아·일본의 국제적 파쇼가 야합하여 그 반동으로 프랑스와 스페인을 비롯하여, 인민전선이 결성되고 있었는데 임시정부 주변에서도 인민전선을 결성하려는 기운이 태동하고 있었다.

후일 임시정부가 3당연합이니, 5당연합이니 하는 것도 이 시기부터 익어 간 결과였다.

3. 정당단체

　임시정부가 쇠퇴기에 있던 1920년대말 상해 정계에서 움직임을 보였던 유일당 촉성운동은 일단 실패하고 말았지만, 그 영향으로 차차 정당이 발생하였다.
　또 우리 사회의 고질적인 당파 근성의 발작이라고나 할는지 정당간에 분쟁이 일어나 임시정부는 물론, 일반 사회를 한층 더 어수선하게 만들기도 하였다.
　1929년 11월에 유일독립당 상해 촉성회가 해체된 뒤 민족주의자들을 중심으로 한국독립당이 조직되었는데 이는 임시정부의 핵심정당으로 이동녕·김구·안창호·조소앙 등 임시정부 수립으로부터 최고 원로들을 중심으로 한 민족주의 정당이었다.
　유일당 운동이 실패한 뒤에 상해에서는 한국독립당이 조직되어 있었고, 1930년 만주에서 같은 명칭의 한국독립당이 조직되었다. 즉 1930년 북만주를 무대로 활약하던 인사들로 한국독립당을 조직하였는데, 그 중심 인물은 임시정부의 전 국무령이며 의정원 의장을 역임한 바 있는 홍진이었다.
　1929년 봉천성 홍경현을 근거로 한국민부의 핵심정당으로서 조선혁명당이 조직되었고, 또 같은 해 남경에서는 한국혁명당이 조직되었다.

또 단체로는 의열단, 상해 한인 반제동맹·남화 한인 청년연맹 등 수많은 단체가 임시정부 주위에 있었다.

(1) 임시정부와 국민당

낙양 군관학교 분교가 폐쇄될 무렵 대일전선 통일문제가 발동하여 김원봉이 김구와 진회(秦淮)에서 만나 통일운동에 관한 문제를 제의하였으나 결론을 얻지 못하였다.

그 뒤에 5당통일회의가 개최되어, 의열단·신한독립당·조선혁명당·한국독립당·미주 대한인 독립단이 통일하여 조선 민족혁명당이 결성되었다.

이 통일에 주동 인물이 된 김원봉·김두봉(金枓奉) 등 의열단은 임시정부를 싫어하는 입장인지라 임시정부의 해소를 주장하였다.

당시 임시정부는 제12차 내각(1933년 10월부터 1935년 10월까지)이었는데 국무위원이던 양기탁(梁起鐸)·김규식·조소앙·송병조·차이석·유동렬·최동오 등 다섯 사람이 통일이란 문제에 보다 더 흥미를 가지게 되어 임시정부에 대하여 도리어 관심이 적어지자 김두봉은 임시정부 소재지인 항주로 가서, 차이석·송병조 두 사람에게 5당이 통일된 이때 이름만 남은 임시정부는 취소해 버리자고 강경하게 주장하였으나, 송병근·차이석 두 사람은 굳게 반대하고 임시정부의 간판을 지키고 있었다.

그러나 일곱 사람에서 다섯이 빠졌으니 국무회의를

열 수 없어서 사실상 무정부 상태에 빠졌다.

이러한 상태를 조완구가 편지로 써서 가흥에 있는 김구에게 알리자, 그는 즉시 항구로 달려왔다.

이때 국무위원이었던 김철은 이미 서거하여 없었고, 5당통일에 참가하였던 조소앙은 벌써 거기서 탈퇴하였다.

김구는 이시영·조완구·김봉준·양소벽(梁小碧)·송병조·차이석 등과 임시정부 유지 문제를 협의한 결과 의견이 일치하여 일동이 가흥으로 가서 거기 있던 이동녕·안공근·안경근(安敬根)·엄항섭 등을 더하여 남호의 유람선을 전용하여 타고 호수 위에 떠서 선중에서 의회를 열고, 국무위원 세 사람을 더 뽑으니 이동녕·조완구·김구였다. 이것이 제13차 내각(1935년 10월부터 1939년 9월까지)이었는데 국무위원은 이동녕을 비롯하여 김구·이시영·조성환·조완구·송병조·차이석 등이었으며 제8차 내각과 같이 4년이란 비교적 장명(長命) 내각이다.

5당통일론이 대두할 때에도 김구의 측근 동지들이 한 단체를 조직할 것을 주장하였으나, 김구는 차마 또 한 단체를 만들어 파쟁 만들기를 꺼려하는 뜻에서 줄곧 반대해 오다가 임시정부를 유지하려면 그 배경이 될 단체가 필요하다고 깨닫게 되었다. 또 조소앙이 벌써「한국독립당」을 재건한다 하므로 김구가 새 단체를 재건하더라도 통일을 파괴하는 책임은 지지 않으리라고 사료하고, 그의 동지들의 찬동을 얻어「대한국민당」을 조직하였다.

임시정부의 각료들이 대부분 김원봉이 중심되어 조직된 민족혁명당에 가입하여 한동안 정지되었던 임시정부를 재건하기 위한 노력이 추진되어 임시정부는 재출발하게 되었는데, 당시 이미 결성된 민족혁명당에 맞설 만한 임시정부 여당을 조직하기 위하여 1935년(민국 17년) 11월 항주에서 김구 계열의 인사로 신당 참가에 반대한 이동녕·이시영·조성환·조완구· 송병조·차이석·엄항섭·김붕준·양우조 등이 결합하여「한국국민당」을 조직하였다. 국민당의 주의와 강령은 다음과 같다.

국가 주권의 완전 회복과 전 민족적으로 정치·경제·교육의 균등을 원칙적으로 하고,
① 중국 국민당과 연락 제휴할 것
② 한국 내 자본가 연락을 취할 것
③ 재미동포와의 연락을 밀접하게 할 것
한국국민당 간부 명단
이사장   김구
이사 이동녕·조완구·차이석·김붕준 ·안경근·안
      공근·엄항섭
감사 이시영·조성환·양묵(楊墨:일명 양우조)

(2) 민족혁명당

1935년(민국 17년) 6월 20일 한국 대일전선 통일동맹이 주도한 대동단결의 각 혁명단체 대표대회가 남경에서 개최되어 28일까지 예비회의를 열고 29일부터 정식회의를 열어 7월 4일 단일 대장 창립 대표대회에 거친 다

음날, 즉 7월 5일 민족혁명당 결성식을 거행되었다.

이미 각 혁명단체는 대표대회에 대표를 보내어 자진 해산하고, 민족혁명당에 참가할 것을 밝힌 조선혁명당·의열단·한국독립단·신한독립단·미주 대한인독립단 등인데 이 가운데 조선혁명당·의열단·한국독립당·신한독립당은 각각 3명씩 전권대표 자격을 가지고 참석했으며 대한독립단은 2명의 전권대표가 참가하였다.

신당 창립 대표위원

김원봉·조소앙·김규식·윤기섭·신익희·홍진·박창세·윤세주(尹世冑:별명 百正)

중앙 집행위원(정원 15명)

김원봉·김두봉·김규식·윤기섭·최동오·윤세주·이청천·조소앙·김학규·최석순(崔錫淳)·김활석(金活石)·이관일(李貫一)·이광제(李光濟)·신익희

동 후보위원

성주식(成周寔:駿用)·장창순(姜昌淳:華祖)·박창세

중앙 검사위원 (정원 5명)

양기탁·홍진(홍만오)·한일래(韓一來:별명 千炳日), 정건(鄭籧:鄭籃田)외 1명

동 후보위원(정원 2명)

김창환(金昌煥:秋堂) 외 1명

〈당의(黨議)〉

본당은 혁명적 수단을 가지고 구적(仇敵) 일본의 침략 세력을 박멸하고, 5천 년 자주독립하여 온 국토와 주

권을 회복하고 정치·경제·교육이 평등에 기초를 둔 진정한 민주공화국을 건설하고 국민 전체의 생활 평등을 확보하며, 나아가 세계 인류의 평등과 행복을 촉진함

〈당강(黨綱)〉
1. 구적(仇敵) 일본의 침략 세력을 박멸하고 우리 민족 자주독립을 완성한다
2. 봉건 세력 및 일체의 반혁명 세력을 숙청하고 민주집권의 정권을 수립한다
3. 소수인이 다수인을 박삭(剝削)하는 경제제도를 소멸하고, 국민생활상 평등의 제도를 확립한다
4. 일군(一郡)을 단위로 하는 지방자치제를 실시한다
5. 민중 무장을 실시한다
6. 국민은 일체의 선거 및 피선거권을 가진다
7. 국민은 언론·집회·출판·결사·신앙의 자유를 가진다
8. 여자는 남자의 권리와 일체 동등으로 한다
9. 토지는 국유로 하고 농민에게 분급한다
10. 대규모의 생산기관 및 독점기업을 국영으로 한다
11. 국민의 일체의 경제활동은 국가의 계획하에 통제한다
12. 노동운동의 자유를 보장한다
13. 누진율의 세칙을 실시한다
14. 의무교육과 직업교육은 국가의 경비로서 실시한다
15. 양로·육영·구제 등 공공기관을 설립한다

16. 국적(國賊)의 일체의 재산과, 국내에 있는 적 일본의 공사유 재산을 몰수한다

〈정책(政策)〉
1. 국내의 혁명 대중을 중심으로 내외에 전민족적 전선을 결성한다
2. 국내의 무장부대를 조직하고 총동원을 준비한다
3. 적의 세력에 아부하는 반동 세력을 박멸한다
4. 국외의 무장부대를 확대강화한다
5. 해외 아민족(我民族)의 총단결을 촉성한다
6. 아혁명운동(我革命運動)에 동정원조하는 민족국가에 대하여는 이와 연락을 꾀한다

(당장(黨章) 11개장은 생략한다)

〈당무위원회 부서〉

서기부	부장	김원봉	부원	윤세주
조직부	부장	김두봉	부원	김학규
선전부	부장	최동오	부원	신익희·성주식
군사부	부장	이청천	부원	김창환·윤기섭
국민부	부장	김규식	부원	조소앙
훈련부	부장	윤기섭	부원	3명
조사부	부장	이광제	부원	진일오

이리하여 당본부는 남경에, 지부는 화북(만주지방)·화중(남경·상해·항주 지방)·화남(광동·홍콩 방

면)・화서(남창・한구)에 설치하기로 하였으며, 신당 설립과 함께 여기에 참가한 각 민족주의 단체와 한국 대일전선 통일동맹은 해체선언을 발표하게 되었다.

당시 신당 창립시에는 중앙 집행위원회에 당분간 위원장을 두지 않고, 집행위원회 회의제로 하고 서기부장이 겸임하는 서기장이 사무를 처리하기로 하였다.

이와 같이 창당시에는 형식만은 대동단합의 면모를 구비한 것처럼 보였으나, 결성 직후부터 김원봉계의 의열단원들과 조소앙 등 전 한국독립당 계열의 인원들과 의견 충돌을 일으켜 후자가 이탈하였으며, 또 1935년 10월에는 역시 한국독립당 계열이었던 김호(金乎) 등이 탈퇴하였고, 또 잇달아 전 조선혁명당의 간부들이 조직을 재부활시킨다는 표명과 함께 신당에 참가한 최농호・김학규 등에게 신당을 탈퇴하고 복귀하라고 족구한 사실도 있었다.

마침내 당은 양분되어 김원봉 계열은 조선민족혁명당이라 하고 양기탁 등은 한국민족혁명당이라 하였다.

(3) 한국독립당

한국독립당이란 명칭은 때와 장소에 따라서 민족진영의 인사들이 몇 차례에 걸쳐서 사용하였으나, 최후로는 김구를 중심으로 한 한독당으로 귀결되어 8・15해방 후 국내에서까지 이 간판을 유지하고, 민족진영을 포섭하고 용약전진하다가 사실상 김구의 서거와 함께 쇠퇴하고 말았다.

① 재만 한국독립당

1927년부터 단체 통합문제가 대두하여 이듬해 5월 경에 촉성회파·협의회파로 갈라진 만주에서는 촉성회파는 기존단체를 무시하고 빨리 하나로 뭉치자는 것인데 인물 중심이었고 협의회파는 기존단체를 존중하며 양파의견이 대립되어져서 촉성회라는 혁신의회(革新議會)와 민족 유일당 재만촉진회를 조직하였다.

여기에는 신민부의 김좌진을 비롯한 군정위원회의 인원과 정의부에서 탈퇴한 이청천·김동삼·김원식(金元植) 등 혁명의 원로들과 참외부의 김승학(金承學)·김소하(金筱夏) 등이 참가하였다.

1928년 상해를 비롯한 중국 각지에서 유일 독립당 촉성의 연석회의에서 만주 방면 연락 책임자로 파견된 한 홍진이 혁신의회에 참가하였다.

그 뒤 이들은 국민의회를 조직하였다가 1930년 1월 26일 김좌진의 죽음으로 북만에서의 민족진영의 독립투쟁은 새로운 단계로 접어들었다.

1929년 늦가을부터 홍진을 비롯한 민족진영 인사들이 한독당 조직에 착수하였는데 이 명칭은 이것이 시초였다.

② 신한독립당

이때 김구가 남경에서 장개석으로부터 낙양 군관학교 분교에서 한국인을 수용하여 군대 양성을 해주겠다는 제의를 받고, 이청천·이범석을 남경으로 오도록 하고 한국독립당은 11월에 북경으로 본부를 옮겨 당세 확장에 노력하던 차, 당시 남경에 본부를 두고 있던 한국혁명당 신익희·윤기섭 등과 제휴할 것을 모색하였다. 그 결과, 1933년 2월 25일 홍진·김원석이 한국혁명당의 대표 윤기섭·연병호(延秉昊) 등과 남경에서 회합하고 양당을 해체시켜 신한독립당을 결성하기로 결정하였다.

같은 해 3월 1일부터 8일까지 열린 대표자회의에서 당수에 홍진, 상무위원에 김상덕(金尙德)·신익희·윤기섭을 선임하는 등 간부의 선출과 행동방침을 결정하기에 이르렀다.

신한독립당은 결성 후 별다른 활동을 전개하지 못하고, 후에 단일 통합된 정당 조직을 주장했던 한국 대일전선 통일동맹에 가담했다가 민국 17년(1935년) 7월 5일 성립된 민족혁명당에 참여함으로써 해체되었다.

한편 한국독립당 소속하에 있었던 한국독립군은 동당의 총무위원장이었던 이규채(李圭彩)가 만주에서 북경으로 동당의 본부를 옮길 때쯤 1933년 5월에 남경에서 박남파와 교섭한 결과 당원을 관내로 이전시키는 여비를 김구가 충당하여, 한국독립군(만주에서 조직된 한국독립당의 전위대로 조직되어 이청천이 통솔한 군대) 간부를 이동시켰다.

박남파를 통하여 약 1천8백 원을 지급받은 한국독립당원(만주에서 홍진을 비롯한 민족주의자들이 조직한 단체)은 모두 북경으로 옮겼다.

이청천은 낙양 군관학교 분교의 교관이 되고, 독립군

소속 청년들 약간 명은 이 분교에 입교하게 되었다.

③ 재상해 한국독립당

이미 서술한 바 1927년경부터 통합운동, 즉 유일독립당 운동이 좌우 양파의 견해 차이로 실패로 돌아가자, 우선 민족진영만이라도 단합한다 하여 1929년 상해에서 한국독립당이 창립되었다.

창립 당시에 처음부터 참가한 인사는 다음과 같다.

조완구·김구·윤기섭·엄항섭·이시영·조소앙·이탁(李鐸)·박남파·차이석·김철·한진교·안공근·김붕준·최석순·강창제(姜昌濟)·박창세(朴昌世)·송병조·김두봉(金枓奉)·김갑·장덕로(張德櫓)·백기준(白基俊) 등인데 이상 인원 중에서 이동녕·조소앙·조완구·김두봉·안창호·안공근 외 모두 7명이 당의와 당강을 기초하여 가결시킨 기초위원이다.

본당은 결성 후 처음에는 비밀단체로 하고 역량이 확보될 때까지는 결당의 사실을 표면에 드러내 놓지 않기로 하면서 당원의 모집, 융합에만 힘을 기울여 왔으나, 1931년 4월에 임시정부 국무위원이 남경에 있는 중국국민회의에 대해 발표한 선언서 가운데 임시정부 및 독립당이라는 문구가 들어 있어 비로소 외부에 당의 존재를 밝히게 되었다.

그 뒤 본당은 임시정부의 핵심정당으로서의 사명을 맡고, 여러 산하 외곽단체를 조직해 나갔으나, 1933년 3월에 당총무 이사장 및 총무부원이 검거되는 등 일제의 탄압이 점점 심해지자 당원들은 항주·남경·진강 방면 등지로 흩어지게 되었다.

그러자 임시정부의 진용정비에 따라 한국독립당은 흩어진 세력을 규합하여, 진강·남경 등지에 본거를 두어, 상해 폭탄 거사를 일으키고, 항주로 본거지를 옮긴 후인 1934년 8월 29일자로 국치기념일 선언을 하고, 같은 해 9월 17일자로 천도교 최린(崔麟)의 성토문을 인쇄하여 배포하는 등 민족적 활동을 전개하였다.

④ 재건한독당

1935년에 한국 대일전선 통일동맹이 분열된 정당의 단일조직 문제를 제기하자, 한국독립당 내부에서 신당 참가와 임정 존재의 문제로 인하여, 당내 파쟁이 생겼으며, 같은 해 5월 27일 항주에서 개최된 임시당대회에서 찬반 양파가 대립하는 가운데 신당 참가에 찬성하는 파의 승리로 한국독립당은 7월 5일 해체되고, 신당인 민족혁명당에 참가하게 되었다.

이렇게 하여 새로 조직된 민족혁명당에는 한국독립당 대부분의 당원이 참가하였고, 다만 송병조·차이석 등 몇 명의 반대자만 불참하였다.

그러나 이 민족혁명당에 참여한 의열단(義烈團)은 본래의 좌익계열의 독립운동 단체로서 신당인 민족혁명당에 참가하여, 김구를 비롯한 임시정부 중견 세력에 대항할 만한 강대한 세력을 확보하고, 윤봉길 의거 후 중국 당국이 적극적으로 원조하는 자금을 받아 신당의 재정적 실권과 당의 권한을 장악하려는 데에 있었다.

그리고 사실상 신당 결성 후의 실권을 의열단 계열에서 장악하게 되어, 한국독립당을 비롯한 민주주의 단체 계열의 구간부에게는 오직 중앙간부라는 형식적 명칭만이 부여되고, 특히 한국독립당 계열에 대해서는 조소앙만을 중앙위원으로 위촉하는 등, 의열단계 이외에는 전혀 중요하게 다루지 않아 조소앙·문일민(文逸民)·박창세 등 구 한국독립당 간부들은 크게 격분하고, 점차 의열단 계열에 대하여 반감을 품게 되었다.

이 무렵에 신당조직에 반대하고 나섰던 송병조 일파가 김구를 중심으로 한 임시정부 재건계획을 수행하고 있었으며, 한편 임시정부 의정원회의를 소집하려는 단계에 있음을 알게 된 박창세 등은 항주를 비롯한 각지에서 비밀리에 모임을 갖고, 한국독립당의 재건 작업을 계획하는 한편, 송병조에게 연락하여 찬동을 얻어 1935년 9월 25일 한국독립당 재건선언을 발표하였다.

〈한국독립당 기본 강령〉
1. 국가의 독립을 보위하며 민족의 문화를 발양할 것
2. 계획 경제를 확립하여 균등사회의 행복사회를 보장할 것
3. 전민족 정치 기구를 건립하여 민주공화의 국가체제를 완성할 것
4. 국비 교육시설을 완비하여 기본 지식과 필수 기능을 보급할 것

5. 평등호조(平等互助)를 원칙으로 한 세계일가(世界一家)를 실현하도록 노력할 것

〈당강〉
1. 국토 및 주권을 완전히 광복함
2. 아민족 생존 발전상에 관계 있는 기본조건인 국토 주권을 보위하고, 동시에 아고유의 역사적 문화를 발양시킴
3. 보선을 실시하여 국민 정권의 평등화를 이룩하고 남녀별 교육·계급의 차등을 불문하고 헌법상에 국민의 기본권리의 평등화를 확정함
4. 토지 및 대생산 기관을 국유화하고 국민생활의 평등화를 이룩함
5. 국민생활상의 기본조직 및 필요 기술의 보급을 이룩하고, 공비적(公費的) 의무교육을 실시하여 국민수학권(國民修學權)의 평등화를 이룩함
6. 국방군을 편성하기 위하여 국민의 의무 병역제를 실시함
7. 평등호조의 교의(交宜)로서 아국가민족을 대우하는 우방 및 그 민족과 연합하여 공동적으로 인류의 평화 및 행복을 증진함

〈본당에 통합된 3정당의 해체〉
목적을 같이하는 조선혁명당·한국국민당·구한국독립당을 발전적으로 해체한다는 선언을 발표하고 신당,

즉 한국독립당이 3·1운동의 생명을 계승한 민족운동의 중심적 대표당인 것을 성명하였다. 이 외에도 군소정당이 난립하여, 전전하는 경우 둘레에서 이합집산을 거듭하고 있었다.

　남의 나라에서 유랑하는 망명정부로서 당연하기는 하나, 임시정부가 1932년 남경과 항주로 분산하면서부터 1940년 9월 중경(重慶)에 정착할 때까지 8년간에 임시정부 정청소재지를 8회나 옮겼다.

　그 중에도 항주시대가 비교적 장기간이어서 3년 반이란 세월을 보냈었다. 그 다음은 가흥이 1년 4개월간(1935년~1937년 3월), 진강(鎭江)에 7개월(1937년 3월~1937년 11월)과, 장사(長沙)에 8개월(1937년 11월~1938년 7월), 광동에서는 3개월 미만(1938년 7월~같은 해 10월), 유주(柳州)에 5개월 남짓(1938년 10월~1939년 3월) 있다가 기강으로 옮겼다가 1940년 9월 중경으로 옮겼었다. 이것이 대한민국 임시정부의 정청 소재지로서 해외에서의 최후 근거지였다.

4. 항주(杭州) 시대

(1) 임시정부 내에서 의심받은 인물

 김구가 상해를 떠난 뒤에 무호동중리작호(無虎洞中狸作虎) 격으로 이유필이 일시적일망정 상해 재류 우리 사회에 군림해 보려고 한 흔적이 있다. 여기에 1933년 7월 23일부로 안공근이 프랑스 조계 당국에 제출한 문서 중의 일부를 적기한다.

〈조선인 사회의 현상에 관하여〉
 재상해 조선인 거류민의 상황은 목하 복잡한 상태에 있으므로 이 실정을 설명함은 지극히 중요한 일에 속한다. 작년의 홍구공원 사건은 조선혁명가로 하여금 상해에 있어서의 외국 조계를 버리고, 중국 영내로 전입하는 부득이한 지경에 이르게 하였다.
 우리들이 상해에 있어서 가령 불충분하였다고 하나, 14년간 반일투쟁에 종사한 조선인 혁명자는 그 공작을 위하여 이곳에 머무를 것이 아니므로 조계를 떠나 중국 영내로 이전한 것이다.
 이에 반하여 지금 아직 외국 조계 내에 거주하는 자는 일본에 충실한 자이거나 또는 일본 옹호자의 밀정이다.
 이미 장기에 걸쳐서 끊임없이 행하여지는 일본의 폭

력 공포 및 이들 조선인의 비겁한 태도는 그들로 하여금 여기까지 이르게 하였다.

조선인 사회는 항상 획연히 2개의 당파로 구분되어 있다. 즉 신구 양혁명자이다. 물론 이 가운데는 일본정부를 인정한 조선인은 포함되어 있지 않다.

저명한 혁명가 김구를 수령으로 하는 구혁명가는 반일투쟁으로 이미 몇십 년간 종사하고 있으나, 신혁명가는 1919년의 3·1운동 이후 이 운동에 참가한 것에 불과하다.

후자는 윌슨이 주창한 민족자결을 지나치게 신뢰하여 최후에 조선은 하등의 투쟁도 없이 독립을 획득할 수 있으리라고 생각하였다.

1919년에 있어서의 일본은 지극히 참학한 수단을 다하다가 수많은 사람을 상해로 보내서 혁명운동에 합류하게 하였는데 당시 그들은 혁명운동이 어떠한 것인지도 몰랐던 것이다.

그리하여 외부로부터의 신속한 실제적 원조가 없었던 것—그들의 견해에 의하면 운동의 허다한 실패 지연(遲延)은 사건에 의하여 일시적으로 앙양된 혁명공작에 대한 열성을 냉각시켜 그들의 대부분은 조선으로 돌아갔다.

그때 그들은 장래 어떠한 혁명운동도 행하지 않겠다는 것을 재상해 조선총독부 대표자에게 맹세하였다. 조선으로부터 상해에 온 자 가운데 그 뒤에 조선독립당 집행위원에 당선되었던 이유필도 가담되어 있었다. 모든 혁명당원이 외국 조계로부터 중국 영내에 도피한 뒤에도 이유필은 조계 내에 잔류하고 있었는데 대개 그는 하등의 위험을 느끼지 않았음에 불과하다. 그리고 스스로 조선혁명운동의 수령이라고 자칭하며 홍구공원 사건(윤봉길 의거)도 그가 계획한 바라고 자찬하였다.

홍구공원 사건을 이용하는 것은 그와 그의 일당이 특히 중국인들로부터 금전을 모으기 위해—물론 자기의 사복을 채우기 위하여—한 역할이었다.

조선혁명가는 이미 오래 전부터 그가 일본을 위하여 일하고 있는 것이 아니냐는 것을 의심하고 있었으므로 그에게 대하여 진실한 신뢰를 표하지 않았던 것이다.

보라. 그는 다른 자와 같이 홍구공원 폭탄사건의 계획에 관하여 아무것도 모르고 있었던 것이 아닌가?

이유필에 대한 첫번째 의심은 그가 5년간이나 조계 취인소(取引所)에 거래를 하면서 한 번도 일본인에게 체포되지 않았다는 것에 있다.

그의 납치사건은 그가 벌써 상해에 머무를 수 없게 된 결과 일본인과 공모하여 한 그의 계획이다.

이유필의 일당으로 현재 상해에 잔류하고 있는 바 조선인의 전부는 표면으로는 혁명가를 가장하나, 실제로 일본인의 이익을 위하여 그 명에 복종하여 일하고 있음에 불과한 것이다. 목하 상해에서 김구 일당은 하등의 혁명운동도 행치 않고 있으며, 또 행하려고도 생각하고 있지 않다. 그 운동의 전부는 중국 오지로 이전되어 있다. 테러 행동에 이르러서는 김구는 작년의 사건으로 일본인과 아울러 우리의 혁명운동과 그 공작에 있어서의 능력을 믿지 않았던 모든 사람들 앞에 우리 공작의 능력을 증명하고도 남음이 있는 것으로 생각하고 있다. 이 기회에 있어서 우리는 일본인으로 하여금 조선 혁명기관의 활동과 실행력을 확인케 할 수 있었고, 일본인으로 하여금 조선혁명운동을 폭력으로써 근절할 수 없다는 것을 인정시킨다면 충분한 것이다.

만약 다시 일본인에게 증명을 할 필요가 있다고 한다면 그것을 표시함에 주저하는 바 없으나 그것은 상해에서가 아니다.

현재 조선혁명가는 중대한 만일적 공작을 행하고 있는데 그에 대하여 말하기에는 아직 시기상조이다.

홍구공원에 있어서의 폭탄사건 후 김구는 상해를 떠나 거의 상해에 머무르지 않았었는데 그의 부하는 때로 단기간 상해로 오나 그것은 특히 상해에 잔류하는 가족과 연락하기 위함이어서 혁명운동과는 하등의 관련을 갖고 있지 않다.

상해에 있는 조선혁명가의 가족은 일본의 자금과 과제에 의하여 활동하고 있는 이유필 일가의 선전을 이탈할 수 없는 착잡한 상태에 놓여 있다.

그러므로 조선혁명가는 조선인에 관하여 일어나는 모든 사건에 즈음하여 공무국 당국이 일본측의 선전에 기인하는 것이냐 아니냐를 주도하고 또 공평히 천명할 것을 절실하게 바라 마지않는다.

1933년 7월 23일 상해에서

(2) 항주 판공처

임시정부 판공처는 항주 장생로 호변촌(長生路湖邊村) 32호에 있어서 그곳에 국무위원 송병조·양기탁 및 김철(金澈) 등이 기거하고 있었다.

한국독립당의 기관지〈진광(震光)〉은 항주 개원로(開元路)에 있는〈민족일보〉에서 인쇄를 하고 있으며, 한국독립당 사무소는 항주 학사로 사간방(學士路思姦坊) 40호에 이상일(李相一)·이세창(李世昌:李昌基) 및 이판수(李判守:金中煥)·김사집(金思集)·박경순(朴敬淳) 등이 기거하고 있었다.

진강에 설치한 임시정부 판공처에는 상무위원 박창세(朴昌世)가 주로 집무하고 국무위원 김철·양기탁·송병조 등도 수차 내왕하고 있었다. 그뒤 박창세는 특무대장으로 비밀 테러공작을 난행하여 상해 신사(上海神社) 폭탄사건과 같은 거사를 하였으므로 판공처를 항주로 옮기고 김철·송병조 등이 주로 집무하고 있었으며, 김철·송병조·양기탁 등 3명은 항주 장생로(長生路)에 있어서 종래부터 이곳에 거주중인 조소앙·조완구와 빈번히 접촉하고 있어서 진강에 있던 박창세·이운환(李雲煥:금후 장사 남목청(楠木廳) 사건을 일으켜 현익철(玄益哲)을 죽이고 김구·유동렬을 중상을 시킨 자)도 항주로 왔었다.

종래 한국독립당의 이사 김철이 동당 및 정부의 기록을 보관하고 있었는데 그의 조카 김석(金晳)이 일본 경찰에 검거되자, 당원 이세창이 이상 기록을 항주로 운반하였으며 양기탁 등 임시정부 재건에 분망하고 있었다. 그리하여 남경에서 이상일·박 경순, 상해로에서 김판수(金判守)·이세창·김사집 등을 불러 학사로 사간방을 한독당 사무소로 하고, 임시정부 판공처는 양기탁·송병조·김철이 기거하는 장소로 하여, 당의 기관지〈진광〉도 발간하면서 있었다. 〈진광〉잡지의 국문 원고는 주로 이상일이, 한문 원고는 조소앙이 기초하였다.

이중환은 식자를 조립하고, 박경순·김사집은 영문 번역과 일체를 조력하였으며, 국문판은 5백 부, 한문판은 약 1천 부를 인쇄하였다.

그리고 임시정부의 재원은 중국측 원조금 외에는 미국 각지에 있는 애국단체에서 재류 동포로부터 징수하여 보내 온 인구세 및 애국 의연금으로 대부분을 충당했는데 당시 미국 각지의 연락책은 다음과 같다.

(1) 미주 국민회 : 샌프란시스코 항(港) 오아크 가(街) 1053
  백일규(白一圭)
(2) 미주 독립당 : 로스앤젤레스 W6674 워싱턴 빌딩
  송헌위(宋憲尉)
(3) 뉴욕 교민단 : 뉴욕 모드 가
  이진일(李晉一)
(4) 뉴욕 한국 대일전선 통일동맹지부 : 뉴욕 모드 가 20
  장덕수(張德秀)
(5) 호놀룰루 국민회 : 호놀룰루 미라아 가 1305
  이(李) C. K.
(6) 호놀룰루 동지회 : 호놀룰루 곽키 가 121

이원제(李元濟)

(7) 시카고 : 워싱턴 가 동(東) 167

김경(金慶)

(8) 시카고 대한국민회 회관 주목사(主牧師) : 시카고 오쿠도르 로 826
임 소(任召)

(9) 시카고 대한국민회 지방회 회장 : 시카고 글레우드 로 6930
한(韓) 존슨

(10) 몬태너 주(州) 한인회 회장 : 몬태너 주 라우 세
한(韓) C. H

(11) 디트로이트 한인 「잡스」상(商) : 미시건주 디트로이트 시 윌슨 로 12539

중상회(中商會)

(12) 호놀룰루 우함(郵函) 1638　　　이용직(李容稷)

(13) 하와이 카와이 도(島)　　　현순(玄楯)

(14) 캘리포니아 주 리도리 김 프로스 상회

김정진(金庭鎭)

〈재무부 포고〉

　임시정부로부터 미국 각지에 내무행서(行署)를 설치하고 재무위원을 선임하였는데, 이들 위원 임명에 대하여서는, 혹은 지방정세를 고찰하고 혹은 국제적 정황을 고려 참작하여 임명한 것으로서 오로지 재류 동포의 인구세와 애국금 납입상 편의를 도모하기 위한 것으로서 결국 구역 혹은 파벌 감정 등의 편견에서 나온 것이 아니므로, 이에 대하여서는 추호도 오해 없도록 깊이 이를 양해하여 행서의 위원이 된 제현은 각기 성충을 다하여, 본 정부의 진의를 동포에게 널리 선시(宣示)하

고, 일반 동포는 일정에 대한 민족적 의무를 다하여 소납의 금액을 각자 편의상 소관 재무위원에게 납입하여서 본 정부의 기대에 위반되지 않도록 바라는 바이다.

대한민국 16년 9월 15일
재무장　송 병 조

〈판공처 습격사건〉

몇 분의 혁명투사에 의해서 빈 간판만 지켜 오던 임시정부도 이·윤 두 의사의 의거 후 내외의 동정과 주목이 임시정부로 집중되기 시작하여 김구를 비롯한 혁명투사들은 활기를 띠고 동분서주하게 되었고 일제의 발광도 절정에 달하여 혁명투사들은 일시적으로 적의 예봉을 피하여 사방으로 흩어졌으나 이 시기의 도피는 지난날과는 달리 희망적이었다.

이와 같이 활기에 찬 우리 사회에는 가다가 유감된 사건도 없지 않았다.

그 일례로 항주시대의 임시정부 내에서 일어난 불미스런 사건과, 그 뒤 장사(長沙)시대에 임시정부 요인에 대한 공격사건인데 이는 후술하려니와 우선 항주사건의 전말은 이러하다.

국무위원간에 서로 의혹의 암류가 떠돌게 된 것은 윤봉길 의거 후, 중국 조야로부터 임시정부에 보내 온 원조금을 임시정부에 바치지 않았다는 소문, 또 대한 교민단위원장 이유필이 한국독립당과 교민단에게 보내 온 자금도 임시정부에 보고하지 않고 있다는 소문이 김철·조소앙에게 알려졌다. 또 이들 김철·조소앙 두 사람이 상해시 상회로부터 윤봉길의 유가족과 도산 가족에게 생활 보조비로 보내 온 돈을 움켜쥐고 있다는 소문을 김구 측에서 듣고 국무회의 석상에서 이에 대한 언쟁이 있었으며, 국무회의가 끝나자 김구는 새로 임명된 군무장을 사임하고 이동녕과 동반하여 가흥으로 떠났다.

5월 21일 〈시사신보〉(중국신문)에 왜경에게 체포된 안창호가 진정한 혁명가가 아니라는 투고 기사가 났는데 이것이 김석(김철의 조카)의 기고로 알려져 김구 측에서는 몹시 격분하였다.

5월 29일 박창세·김동우(金東宇:一名 盧鍾均)·안경근·문일민이 항주로 가서 김철·조소앙·김석과 면담하는 도중 임시정부 판공처에서 박창세 등이 김철을 구타하고 소지금을 강탈하는 사태가 발생하였다.

제5장 7·7사변 이후 8·15해방까지

1. 7·7사변과 임시정부

 전세계를 진동시킨 노구교 사변은 1937년 7월 7일 일본 제국주의가 계획적으로 폭발시킨 사변인데, 교활한 일제군벌측은 만주사변을 일으킬 때에 자기 군대로 하여금 유조구(柳條溝) 철로선을 파괴하고는 중국군이 파괴했다고 트집을 잡듯이 '불비일병 부절일시(不費一兵 不折一矢)'하고 동삼성을 손아귀에 넣었듯이 중국대륙도 쉽게 정복될 줄 자만하고 시작한 침략전이었다.

 소위 일제의 원로인 서원사(西園寺)는 근위문마(近衛文麿)를 수상으로 천거하여 1937년 6월 4일 조각을 한 뒤 겨우 1개월 만에 7·7사변을 일으켰다.

 7월 7일 북경의 서남 교외를 흐르는 영정하(永定河)에 설치된 노구교 부근에서 일본군은 일부러 도전적으로 야간 연습을 하고 있어서 여기를 경계하고 있는 중국 제29군의 일부와 충돌한 것인데 일본측은 연습중에 중국군으로부터 소총사격을 받아서 병사 1명이 행방불명되었다고 떼를 썼으나, 사실은 그 군인 한 놈이 일부러 대오를 이탈한 데 불과하였다. 그러나 다음날 침략군의 요구에 응해 중국군은 영정하 대안까지 후퇴함으로써 전투는 일시 중지되었다. 그러나 침략군은 거기에 그치지 않고 제3일에는, 중국군이 노구교를 명도(明渡)

할 것, 제29군 대표가 사과할 것을 요구하여 중국군은 울며 겨자 먹기로 그것까지도 전부 침략군 하자는 대로 하였다. 그러나 1보를 양보하면 2보를 전진하려는 침략군에 대하여 아무리 관용과 인내성이 풍부한 중국인이라 할지라도 한도가 있었다.

그리고 침략군은 노구교 충돌은 계획한 것이 아니고 도발적으로 일어난 사건인 양 허위 선전을 하였으나, 이것은 어린아이들 장난으로밖에는 볼 수 없는 어리석은 행동이었다. 결국은 상해까지 전화가 미치고, 마침내 중국 전역에 미치는 전면 전쟁으로 화하고 말았다.

(1) 임시정부 판공처 이전

중국 북방에서 개시된 중일전쟁이 점차 전면적으로 확대되자 1937년 11월 중순에 이르러서는 임시정부 판공처의 소재지이던 강소성 진강(鎭江)도 역시 전장 범위에 들어가게 되었으므로, 부득이 위치를 옮기지 않을 수 없어서 진강에 있던 정부소속 인원들은 같은 해 11월 20일에 소관문서와 주요 물품을 휴대하고 윤선(輪船)으로 출발하고, 남경에 있는 소속인원 1백여 명은 그 달 23일에 목선을 타고 출발하여 같은 해 12월 4일부터 20일까지 호남성 장사(湖南省長沙)에 이르러 임시 판공처를 정하고 사무를 개시하였다.

남경에서 장사까지는 수로로 3천 리였다. 임시정부 소속 인원은 우선 빌려온 배로 한구(漢口)까지만 가고 그 다음부터는 육로로 가기로 하였다. 이 일행은 각 가

정의 이부자리·의복·가구와 임시정부 및 3당(한국독
립당·조선혁명당·한국국민당)의 각종 서류 상자를 배
에 싣고 양자강을 거슬러올라갔다.

며칠이 지난 후 안휘성(安徽省) 수부인 안경(安慶)에
도착하여 노인과 부녀자들을 먼저 내린 후 몇몇씩 짝을
지어 육로로 가도록 하고, 임시정부 요원들은 중국 군
사위원회 위원장이 발급한 호조(護照:호신부격인 증명
서)를 휴대하여 많은 도움이 되었다.

마침내 남경을 떠난 지 13일 만에 수로로 목적지인
한구에 도착했다.

임시정부 소속 일행이 도착한 지점은 바로 한구의 황
학루(黃鶴樓) 부근의 모래사장이었다.

이때는 인심이 지극히 흉흉하고, 전시를 기화로 물가
와 운임은 부르는 것이 값이었다. 배라는 배는 모두 징
발되어 이 대가족을 옮기기가 여간 힘든 일이 아니었
다. 결국 천신만고하여 남경을 떠난 지 50여 일 만에
최종 목적지인 장사(長沙)에 도착하였다.

장사에 임시 판공처를 정한 임시정부는 약 8개월간
에 이렇다 할 일도 하지 못하고 불행한 사건만 겪었다.

(2) 장사(長沙) 5·7사변의 경과

1938년 5월 7일 국무위원 김구와 군사위원 현익철
(玄益哲)·유동렬(柳東說)·이청천 등은 반동분자며 흉
한 이운환(李雲煥)이란 자에게 저격을 당하여 현익철
위원은 현장 남목청(楠木廳)에서 중상을 입고 곧 운명

하였으며, 이청천은 경상을 입고 자택에서 치료하였고, 김구·유동렬은 중상을 입어 입원치료를 받게 되었는데 장사에서 가장 시설이 좋고 유명한 상아의원(湘雅醫院)에 부상한 3위 요인이 입원하였다. 현익철은 이미 숨을 거두었고, 백범과 춘교(春郊:柳東說)는 중태였다. 장개석 장군 이하 호남성 주석인 장치중(長治中) 장군 등 중국 정부에서 백범·춘교 두 분의 치료에 물심양면으로 정성껏 보살펴 준 덕택에 입원한 지 1달 만에 퇴원하였다. 묵관 현익철은 국장의 예로써 악록산(岳麓山)에 안장하였다.

범인 이운환은 의주 출생으로 분별력이 없는 자였다. 그는 백범에 대한 불순한 언동을 할 뿐 아니라 3당 영수를 모두 몰살해야 한다는 등의 소문을 퍼뜨리고 다녀 그 배후를 조사하고 있었다. 체포된 뒤의 진술에서 그는 저격의 제1목표가 백범이었다고 자백했다. 이운환 등 범인 일당은 그 뒤 중국 당국이 장사를 퇴각할 때 공범자는 석방하고 이운환은 탈옥하여 끝내 그 배후가 밝혀지지 않은 채 단순한 원한에 의한 암살사건으로 가려지고 말았다. 당시 임시정부로서는 내무장이 책임을 지고 위원회를 조직하여 그 지방 중국 당국과 협력하여 정범 이운환과 공모 혐의자 강창제(姜昌濟)·박창세(朴昌世)·이창기(李昌基)·신기언(申基彦)·한성도(韓聖道)·송욱동(宋旭東) 등을 체포하여 중국 당국의 심리에 맡기고, 범행 증거조사와 부상한 이의 구호와 사망한 이의 상사에 대하여 협의한 바, 중국 중앙당국으로서도 크게 관심을 가지고, 이 사건을 엄중하게 정성껏 처리하라는 뜻을 당 지방 당국자에게 명령하였고, 장개석 장군을 비롯하여 간곡한 위문과 보조가 있어서 이상 서술한 바와 같이 장례를 국장으로 치르고, 치료도 정성껏 하고, 범인 문초도 임시정부 요원의 의사를 참작하여 철저하게 하였으나, 때가 전시 혼란중이므로 여러 가지로 고려하여 보석하고 정범 이운환은 혼란중에 탈옥하였다.

(3) 장사에서 기강(綦江)까지

1938년 초가을에 이르러서 한구 주변에는 중국군과 왜적의 공방전이 치열하여, 한구가 위태하다는 정보가 들어왔다. 곧이어 장사 부근에도 긴장감이 감돌기 시작했다.

장사도 점차 전구에 가까워지자 그대로 있을 수 없어 임시정부 판공처를 임시로 운남서 곤명(昆明)으로 이전하기로 작정하고, 당지 중국 당국의 후의적 주선으로 기차편으로 같은 해 7월 17일에 전체 인원이 장사를 출발하여 20일에 광주(廣州)에 이르렀는데 여러 가지 사정으로 인하여 정해진 목적지에 가지 못하고 그대로 광주 시내에 얼마 동안(약 3개월) 주류하다가, 같은 해 9월 하순에 이르러 임시 판공처를 광동성 남해현성(南海縣城)으로 옮기고 사무를 개시하였다.

남해현성에 옮긴 지 불과 수순에 이곳도 역시 위험하여 주류할 수 없게 되었다. 적 일본군의 공습경보가 날이 갈수록 심해졌다. 광동성 정부의 극진한 주선으로 1938년 10월 18일과 20일에 광주 시내와 남해현성에 있던 소속 인원이 기선과 기차편으로 출발하여 11월 30일까지 광서성 유주(柳州)에 이르러 임시 주소를 정하고 주류하다가 그곳도 역시 오래 있을 곳이 되지 못하다고 판단되어 중국 중앙당국의 극력 주선으로 기차를 타고 1939년 4월 6일부터 22일까지 소속 인원 1백 20여 명 전체가 유주를 떠나 같은 해 5월 3일까지 사천성 기강(四川省 綦江)에 이르러 정착한 뒤 이곳에 판공처를 정하고 임시정부 사업을 개시하였다.

기강은 국민정부의 임시 수도인 중경으로부터 불과 2백 리 떨어진 거리에 있는 산간 벽지의 조그마한 도시에 불과하나 성도(城都)나 중경에서 남쪽의 운남·귀주·광서로 통하는 유일한 통로이기 때문에 전시에는 중경의 관문과 같은 전략 요지였다.

임시정부 소속 대집단은 유주에서 기강까지 3천 리 길을 1주일간 달려 무사히 도착하였다. 이 일행은 이미 두 달 전 백범과 청사(晴簑:曺成鎭)가 중경의 중국 정부와 교섭하여 얻어놓은 세 곳의 거처에 각각 나누어 들었다.

(4) 중경 이전과 제33의회

임시정부가 기강에서 중경으로 옮긴 것은 1940년 9월의 일이다.

이 중경은 사천성의 요지로서 가능강(嘉凌江)이 양자

강에 합류하는 곳이요, 성유(成渝) 철도의 기점이며, 또 항공로의 중심지가 되기도 하여 오지이면서도 교통이 편리한 곳이었다. 또 전에 파주(巴州) 소재지였던 성도를 중심으로 한 촉주(蜀州)와 합하여, 사천성이 되었기 때문에 이곳 사천성 일대는 전부터 중국에서 산협지대로 유명한 파촉(巴蜀) 지방으로 전해지기도 하였다.

임시정부가 처음 중경으로 이전하기를 계획한 것은 중국의 국민정부가 중경으로 이전한 이듬해 광동성 광주에 있을 때부터이다. 즉 1938년 여름에 임시정부는 장사를 떠나 도중에 적의 공습을 받아 간신히 피해 가면서 멀리 광동〔광주〕으로 들어갔는데 전세는 급변해지고 적의 폭격은 여기서도 심하여 안주할 수 없었다.

따라서 국무위원인 김구는 중국 국민정부에게 우리 임시정부도 중경으로 가기를 원한다고 연락하였더니 중국 측에서도 오라고 하므로 김구는 조성환·왕중량(王仲亮) 등과 함께 먼저 중경으로 떠났다. 이 무렵 민족혁명당, 조선 의용대의 성주식(成周寔:成駿用)·김두봉(金枓奉)·김상덕(金尙德)·김홍서(金弘叙) 등 일부 인사들도 중경 아궁보(鵝宮堡)에 자리잡고 있었다.

1940년 9월 중경 이전 당시의 임시정부 및 임시의정원의 구성인원은 다음과 같다.

  임시정부 주석　김구
  국무위원　이시영·조성환·유동렬·송병조·홍진·
           조완구·차이석·조소앙·이청천
  임시의정원 의장　김붕준(金鵬濬)

부의장　　최동오(崔東旿)
의　원　　이시영·김구·조소앙·조성환·조완구·
　　　　　차이석·송병조·엄항섭·양묵(楊墨:楊
　　　　　宇朝)·신공제·문일민·민병길·박찬익
　　　　　·공진원·김학규·황학수·이상만(李象
　　　　　萬)·이복원(李復元)·유동렬·조경한·
　　　　　이청천·방순희·신환(申桓)

　이 중에 김구 이하 10명이 모두 의정원 의원을 겸임하였다는 것은 유리전전하는 가운데 인물이 흩어져 있는 관계로 부득이한 실정이었다.

　그리고 의정원 법에 의한 의정원 의원수는 국내 8도의 42명과 중령·노령·미령의 15명 모두 67명이었는데 재적의원 수가 57명에 지나지 않았던 것이니, 이 역시 부득이한 실정이 아닐 수 없다.

　이렇게 유리전전하는 가운데의 정원의회는 1937년 남경 중화문(中華門) 내 임시 판공처에서 제30회 의회가 열린 뒤에는 2년을 건너뛰어 1939년 10월 3일에야 제31회 의정원회의를 사천성 기강에서 열어 의장 송병조가 식사를 진술하고, 정부 주석의 치사에 대하여 조소앙 의원이 답사가 있은 뒤 폐하였다.

　중경으로 정부 판공처를 옮겨 온 뒤 제33회 의정원회의가 비로소 1941년 10월 15일 열렸는데 의장 김붕준을 비롯하여 5명이 결석하고 김구·홍진 이하 2명이 출석하였는데 벽두부터 명랑한 의제는 제출되지 못하고 의장 김붕준을 탄핵하는 문제로 어수선한 의회였다. 즉 부의장 차이석이 엄항섭·박찬익·차이석·민병길·양묵·이상만 등 여섯 의원의 긴급 제의로 제출한 의장 김붕준의 탄핵안을 상정하여 토의할 뜻을 선포하고 그 탄액안을 낭독케 하였다.

〈이유〉

임시 약헌 제22조에 의하여 이에 탄핵안을 제출함

(1) 원래 의장은 주로 원내에서 그 직권을 행사하고 원외에 대하여서는 의정원과 직접 관계가 있는 기관에 한하여서만 의정원을 대표하는 것이요, 기타 일반 인민에게나 더구나 국제간에는 의장의 명의를 행사할 수 없는 것이 원칙이다. 설혹 국가의 이익을 위하여 부득이 의장의 명의를 사용할 필요가 있다 하더라도 이는 반드시 원의(院意)에 의하지 아니하고는 못할 것이다. 이제 의장 김붕준은 본원 창립 이래의 일관한 정예와 원칙을 파괴하고 불성실한 기도와 심사로 의정원의 결의나 의원 동인의 동의가 없음은 물론이요, 같은 간부간이나 의원 동인은 한 사람도 모르게 종래의 아무 관계가 없던 원외인과 결탁하여 외교 또는 선전의 형세로 외국인 신문기자를 초대하여 자가의 착오된 편견을 발표하며, 사실이 아닌 현임시정부와 의정원의 결점을 선포하여 외국인으로 하여금 현재의 의정원과 임시정부는 극히 불완전한 듯이 인식하게 하였으니, 이는 원례(院例)와 원의(院意)를 위반하였을 뿐 아니라 행정기관의 외교권 또는 선전행정을 침해하였고, 아울러 광복사업에 막대

한 해를 끼친 것임

(2) 의원선거는 정부의 행정에 속한 것으로서 선거절차에 관한 규정과 선례가 있음에도 불구하고, 의장 김붕준은 각 선거구 인민을 속이고 선동하여 또는 의장의 신분으로서 친히 스스로 출마하여, 인민으로 하여금 비법적 선거를 행케 하고 또는 선거운동까지를 행하였으니 이는 행정기관의 행정권을 침해하여 선거행정과 선거법례를 파괴한 것임

(3) 국가의 모든 지출은 정부의 재정기관을 경유하여 회계의 경로를 밟아 지출되는 것이어늘, 의장 김붕준은 정부에서 재정이 고갈되어 의회 비용을 미처 지급치 못하는 것을 빙자하고, 직접 의회 비용에도 속하지 아니한 용도에 사용하기 위하여, 자의로 금전을 변통하여 국고 회계를 경유치 아니하고 독단으로 사용하였으니, 이는 행정기관의 재무행정을 파괴한 것임

1941년 10월 15일
제안인 엄항섭 · 박찬익 · 차이석 · 민병길 · 양묵 · 이상만

의장 김붕준의 탄핵안을 심사위원회에 부하여 심사케 하여 심사위원은 3인으로 하고 선거법은 구두호천하여 거수 종다수로 당선케 하자는 차이석 의원의 동의와 조완구 의원의 재청과, 김학규 의원의 3청에 대하여 표결한 결과 가결되었다. 조완구 · 김학규 · 차이석 등 3의원이 의장 탄핵안 심사위원에 당선되어 심사한 결과 김붕준 의원은 면직되고 징계에 회부하기로 하였다.

2. 광복군 창군

 임시정부의 여당으로서 한국독립당이 1940년 5월 12일 새로 발족하게 되었는데 이것은 광복전선의 9개 단체가 하나로 뭉친 것이며, 이번에 표방한 한독당이 최후까지 임시정부의 여당 구실을 하다가 8·15 해방 후 그대로 국내까지 들어와 한때는 김구 주석을 상징적 존재로 민족진영의 기대와 신뢰를 독차지하였던 정당이었다.
 이와 같이 정당이 재정비된 다음에 가장 큰 과제는 광복군 창군 문제였다.
 특히 7·7사변 이후 중일 전쟁이 전면적으로 확대되고, 침략군이 파죽지세로 중국 대륙을 석권하게 되자, 우리 임시정부도 장사·광동·광서의 유주·기강 등지로 유리전전하면서 임시정부 당국은 그 어느 곳 어느 때에도 우리의 민족 역량을 뭉쳐 대일 항전태세를 갖추려고, 주야로 부심하고 있었다. 공동의 적을 가진 중국 정부도 운명 공동체에 놓여져 있는 우리 민족의 입장을 자기 일처럼 이해하고, 특히 이·윤 두 의사의 의거 후 김구 주석을 비롯한 요인들의 제언을 받아들여 사생활까지도 전적으로 보살펴 왔다.
 유리전전하던 임시정부는 마침내 국민 정부가 장기적

지구전 태세를 갖추면서 중경을 최후의 전시 수도로 정하자, 그를 따라 기강으로부터 임시정부 판공처를 중경으로 옮기고 당면한 급무인 창군 문제 해결에 총력을 기울였다.

1939년 겨울 기강 시대에 독립운동 3개년 계획을 세우고 조직・군사・외교・선전・제정 5개 항목을 중심으로 한 독립운동 방략을 작성하여 실천에 옮기기로 하고 그 중 제2항 군사관계에 있어서는 향후 3년간 소요 장교 양성과 기본적 임무를 다할 만한 수효의 무장대 편성 및 각지에서 맹렬히 활동한 유격대 조직에 전력하여, 적과 더불어 결전할 만한 군사상의 기초 확립을 목표로 하고 군사 특파원을 조직하여 섬서성 서안(陝西省 西安)으로 보내게 되었다.

제1착으로 특파원 조성환・황학수・이웅(李雄:一名 俊植) 등이 현지에 나가 공작 임무를 수행하며 중국의 하북(河北)・동북〔만주〕 방면으로 선전・초모(招募) 등 공작을 하였으며 이러한 활약은 사전에 중국 군사위원회 등 관계 당국과도 연락이 있었기 때문에 각지에서 관계 당국의 협조를 얻었다.

그리고 1940년 5월 임시정부의 중심 세력을 이루었던 한국국민당・조선혁명당・한국독립당이 통합하여 독립당으로 새 출발함과 동시에 광복군 창군 문제가 최대의 당면과제였으므로 여기에 대한 계획서를 독립당 중앙 집행위원장 김구 명의로 중국국민당 조직부장 주유선(朱騮先)을 통하여 장개석 위원장에게 제의되었다.

그 결과 1940년 9월 17일 중경의 가능강가의 호화 건물 가능빈관(嘉陵賓館)에서 역사적인 한국 광복군 총사령부 성립 전례식(典禮式)이 거행되었다.

총사령관 이청천, 참모장 이범석, 최고 통수부는 김구·유동렬·조성환·조완구 등 4명이었다.

한국광복군의 조직은 당시의 특수 사정 때문에 하향식(下向式) 조직법을 응용하여 위로는 총사령부를 먼저 만들고, 밑의 각 지대는 뒤에 부설하였다. 사령부의 내부조직은 1922년에 제정한 사령부 편제법에 의거하여 조직하였다.

1942년 9월 임시정부와 중국 군사위원회는 한국광복군 행동준승(行動準繩) 9항을 맺어 중국의 항일전쟁 기간 광복군은 중국 군사위원회 참모총장의 통할 지휘를 받고, 광복군이 필요한 군수품과 장비는 군사위원회가 직접 보급해 주기로 하였으므로 중국 군부와 잘 보조를 맞추어 나가기 위하여 중국의 현행군제를 모방하여, 총무·참모·부관·경리·정훈·편련(編練) 군의 선전 등 8개 처와 처 이하에 과(科) 계통 등 제도를 적용하였기 때문에, 인사 배치에 약간 변경이 있었다.

1940년 10월 총사령부는 중경에 있다가 같은 해 11월 섬서성(陝西省) 서안으로 이전했을 때 이청천·이범석은 공무로 당분간 중경에 머물러 있게 되었고, 기여의 대소 직원은 이미 군사특파단 단원으로 서안에 이미 주재한 황학수·이준식·나태섭(羅泰燮:王仲亮)·고영희(高永喜)·고일명(高一鳴)·노복선(盧福善) 등 중경에서 서안으로 도착한 이복원(李復源)·조경한·김학규(金學奎)·공진원(公鎭遠)·조시원(趙時元)·지달수(池達洙)·민영구(閔泳玖)·유해준(兪海濬) 등과 약 1백여 명이 군사임무를 진행하게 되고 나머지 송호(宋虎) 등 7명은 그대로 중경에 머물러 있었다.

당시 광복군의 주요 임무는 ① 병사의 모집훈련 ② 본군의 선전과 정보수집 ③ 적정탐찰 ④ 경우에 따라서는 유격전을 시행하는 것 등이었다.

이와 같은 방법으로 발전시켜 1년 내에 광복군을 최소한 3개 사단으로 확대 편성하여 교전국에 참가하여 정식으로 전쟁을 단행하려 하였으나, 일제가 만주를 강점하고 한층 변경을 철통같이 수비하고 있어, 한국인이 대량으로 거주하는 만주 침투와 연락 취급이 어려워 군사모집에 응하는 비율이 저조하였다. 중국군에게 포로가 된 한국인 병사(일제에 강제로 끌려 갔던 청년이 대부분)와 또는 일제 군대에서 탈주해 온 병사가 다소 있었으나, 3개 사단이란 예정 목표에는 많은 차가 있어 차선책으로 중국군을 광복군으로 가장하여 광복군으로서의 성세를 높이게 하였다.

이와 같이 세계적 혁명사상 피침략 민족의 독립운동사에도 유례가 드문 방법으로 우리 임시정부는 27년간 상해로부터 유리전전하면서 마침내 중경에 와서야 국제정세도 기대 예견과 같이 발전되어 가고 우리 민족이 비로소 효사지추(效死之秋)를 만났다고 단정할 수 있었다.

김구 주석을 비롯하여 임시정부 요인과 독립투사들의 보람 있는 활동이 항일투쟁에 이바지한 바도 적지 않았으나, 반면에 아직도 자각이 모자라 혼연일체가 못 되고 일제가 최후로 백기를 들기도 전에 동상이몽의 딴 생각을 가지고 민족진영에 기생한 자도 없지 않아서 임시정부라는 민족의 최고 총본영의 힘과 권위를 손상시킨 점도 많았다.

임시정부가 중경으로 옮긴 후 5년간에 오로지 주력한 것은 광복군 창군과 여기에 대한 우방 국가와 관련하여 활동한 군사적인 영역(領域)이 주가 되나, 실제로는 정치적인 의의가 군사적인 의의보다 크다고 말할 수 있다.

그리고 우리 민족이 일제의 압착 밑에서 생지옥 생활을 하는 것을 생각한다면 적의 항복을 바라는 심성은 일각이 삼추(三秋)와도 같다.

한편 모처럼 심혈을 기울여 양성한 우리 광복군이 단 1개 소대의 병력이라도 국내에 진주하여, 전쟁다운 전쟁을 해보다가 적이 항복하였더라면 하는 안타까운 심정이다. 여기에 대한 표현은 백범 김구 주석이 다음과 같이 서술한 일절이 있다.

'왜적이 항복한다 하였다.

아―왜적이 항복―.

이것은 내게는 기쁜 소식이라기보다는 하늘이 무너지는 듯한 일이었다. 천신만고로 수년간 애를 써서 참전할 준비를 한 것도 다 허사다. 서안과 부양(阜陽)에서 훈련을 받은 우리 청년들이 각종 비밀의 무기를 가지고, 산동에서 미국 잠수함을 타고 본국으로 들어와 국내의 요소를 파괴 혹은 점령한 후, 미국 비행기로 무기를 운반할 계획까지도 미국 육군성과 다 약속되었던 것인데, 한번 해보지도 못하고 왜적이 항복하였으니, 진실로 전공이 가석이어니와 그보다도 걱정되는 것은, 우리가 이번 전쟁에 한 일이 없기 때문에 장래에 국제간의 발언권이 박약하리라는 것이다.'

결 론

 이상에서 임시정부 27년간의 역사를 5장으로 나누어 중요한 대목만을 간추려서 서술하였다.
 우국지사들의 눈물겨운 노력으로 광복운동에 임시정부가 이바지한 공도 컸으나, 남에게 알리고 싶지 않은 수치스런 과오도 많았다고 아니할 수 없다. 일제가 아무리 압란지세(壓卵之勢)로 닥쳐오고 물력과 무력으로 갖은 행패를 다한다 하여도 임시정부의 지도급 인사들이 좀더 자각과 반성으로 정진하였다면 아무리 내외의 여건이 임시정부의 목적을 용인하지 않는다 하여도 그러한 모습으로 사라지지는 않았을 것이다. 오늘의 대한민국은 임시정부의 연장이라고 하나 오인이 냉정히 잘라 말한다면 그러한 표현이 자위(自慰)는 될지언정 일제 통치시대의 대한민국 임시정부는 사라지고 말았으며, 임시정부가 지니고 있던 독립정신도 변질되어 버렸다고 아니할 수 없다.
 일제가 항복할 무렵 모든 당파성과 사상을 초월한 연합정부를 조직한다고 하여 각 정당 대표, 즉 무정부주의자·공산주의자까지 포함한 정부 조직인 김구·김규식 등 주석단을 비롯하여 이시영·조완구·조성환·조소앙·김원봉·유림·장건상·성주식·김성숙·조경환

・김 붕준 등 국무위원과 의정원의장 홍진 및 부장급으로 신익희・최동오・엄항섭・김상덕 등과 참모총장 유동렬 등이 임시정부에 참가하였으니 피상적으로 보기에 허울만은 그럴듯하여 비록 개인 자격으로나마 입국한 이들에 대한 국민의 기대는 컸는데, 이들 소수의 임시정부의 요인들조차 혼연일체가 못 되고 모두 딴 꿈들을 꾸다가 자기 스스로 자멸하여 사라져 버렸다.

돌이켜 보건대 극소수의 이름이 알려진 임시정부의 요인들만은 분단된 조국에서나마 부분적으로 상응한 대우도 받고 그들의 자손들도 아직까지 부분적이나마 덕을 입고 있으나 임시정부 활동 당시, 수많은 무명 청년들이 흘린 피는 참으로 애석하다 아니할 수 없다. 독립운동을 위해서 진실로 피 흘리며 희생적으로 싸운 투사들은 가만히 앉아서 지시나 하고 명령만 내리는 지도급들이 아니라 순수한 젊은 용사들이었다.

지방열, 당파성의 못된 고질의 발작도 독립운동의 지도적 위치에 서 있던 자들에게서 그 악취가 풍겨졌던 것이다.

이미 서술한 바 초창기에 있어 임시정부라는 단어는 우리 민족이 모두 동경하고 숭앙하는 지고지존한 대상처럼 생각되었다.

그러나 이러한 민심도 잠깐 그때뿐으로, 차츰차츰 사라지면서 임시정부의 간판 유지조차 어렵게 된 것을, 미국 등지에 있는 애국 동포들이 보내 주는 소액의 성금으로 겨우 법통만 유지해 오다가, 윤봉길 의거를 기화로 임시정부가 차츰 활기를 띠면서, 7·7사건과 태평양전쟁의 영향을 받으며 독립운동의 좋은 기회가 부여되기 시작하였는데, 끝내 그 기회를 선용(善用)하지 못함은 매우 아쉬운 일이다.

지은이 약력

1903년 강원도에서 출생
1921년 북간도 도립사범학교 졸업
1925년 김좌진 장군을 상징으로 한 신민부(新民府)
  산하 각급 기관에서 근무
1933년 주중 일본대사를 폭살하려다 미수, 일경에
  잡힘, 8·15해방까지 일본 각지 감옥에서
  복역
1946년 윤봉길·이봉창·백정기 등의 유해를 본국
  으로 봉한, 국민장 주선
1946년 제일거류민단 창립, 부단장으로 활동
1960년 귀국
1988년 광복회 회장

저 서
≪대한민국 임시정부사≫ 서문문고 194번
≪한국 무장독립운동사≫ 서문문고 197번

대한민국 임시정부사 〈서문문고 194〉

개정판 인쇄 / 1999년 2월 15일
개정판 발행 / 1999년 2월 20일
옮긴이 / 이 강 훈
펴낸이 / 최 석 로
펴낸곳 / 서 문 당
주 소 / 서울시 마포구 성산동 103-7호
전 화 / 322-4916~8 팩스 / 322-9154
등록일자 / 1973. 10. 10
등록번호 / 제13-16

초판 발행 / 1975년 8월 10일* 잘못된 책은 바꾸어 드립니다